JN302158

# 小学生の
# スタディスキル

「学び方」がわかれば，
学校はもっと楽しくなる

安藤壽子　編著
冢田三枝子・伴英子　著

図書文化

# はじめに

編者　安藤壽子

　本書は，学習につまずきがある子どもたちへの支援に焦点をあて，学校で教師や学習支援員が，家庭で保護者が，どのような支援をどのように行えばよいのか，そのヒントを提供することを目的に書かれたものです。

　知らなかったことを知ること，わからなかったことがわかること，新しい知識を得たり理解できなかったことが理解できるようになったりすることは，だれにとってもうれしいものです。頭にぱっとひらめき，心にすとんと落ち，納得したという満足感は，人間が本来的にもっている知的好奇心に由来します。そして，この「ぱっ」「すとん」「なるほど」という経験の繰り返しは，子どもたちの学校生活を充実させるうえで欠かせない要素です。

　近年，通常の学級に在籍する子どもたちの中に，特別な学習支援を必要とする子どもたちが多くいることが指摘されています。2002年の全国調査（「通常の学級に在籍する特別な教育的支援を必要とする児童生徒に関する全国実態調査」）では，「学習面で著しい困難をもっている」と担任教師が回答した児童生徒の割合は4.5％でした。つまり，1学級に2人の割合で，「学びの喜びを実感できない子ども」がいるという実態が示されたのです。さらに2012年の調査でも同値の4.5％でした。

　2002年の調査を受けて平成19年（2007年）の改正学校教育法の施行で特別支援教育の法的根拠が示され，学習・行動面で特別な配慮を必要とする子どもたちへの支援の充実が図られることになりました。実際に，教師たちは，「従来の指導法では成果が上がらず，学習内容を理解させることがむずかしい子どもが増えている」と感じ，学校では，学習支援員や地域の教育ボランティア等による学習支援も始まっています。しかし，基本的な学習支援モデルが示されないまま，何をどのように支援すればよいのか，支援の内容も方法も個々の学校や支援者に任されているのが現状です。

　そこで，このような子どもたちに学習支援を行うための有効なアセスメント（学習面の評価と，学習のつまずきの要因となっている認知的な側面の評価），それに基づく学習支援プログラム（一人一人の教育的ニーズに合わせた個別的な指導計画），およびその評価法の開発が緊急の課題になっています。また，支援のための組織づくりや人材育成も急がねばなりません。

　学習面のつまずきは，子どもたちの学びの喜びを減退させるばかりでなく，常態化すれば二次的な情緒・行動面の問題に移行し，対人関係のトラブル，不登校，ひきこもり，非行などに発展することが報告されています。そのような事態を予防する意味でも，学習面のつまずきをできるだけ早期に発見し，支援を開始することが求められています。

　本書では，主として小学校低学年の子どもたちを対象にし，学習をスムーズに進めていくために必要なスキルとして，「読む（音読）」「書く（書字）」「聞く・話す（コミュニケーション）」「計算（数概念）」の4つの基本的な学習スキルと，学習過程全体を支える「問題解決」

のスキルを取り上げました。そして，これらのスタディスキルの習得にかかわる問題を子どもたちの認知能力の偏りの視点からとらえ，支援方法を提案しました。

　小学校低学年でのスキルを中心に取り上げた理由は，スタディスキルの習得がむずかしい子どもたちに対し，できるだけ早期に支援を開始する必要があると考えるからです。基本的なスタディスキルを身につけないまま学年が進めば，学習内容は一層高度化し，それに伴って学習のつまずきは取り戻せないレベルにまで拡大していきます。そのようになってしまう前に，意図的・計画的な学習支援を行うことが必要です。

　学習面のつまずきで苦労している子どもたちを目の前にして，「ちょっとしたスキルの習得でもう少し楽に学習が進むのに……」と感じられることは多くあります。スタディスキルが身についていないために本来の力が発揮できない，思うように学習が進まない，といった子どもたちは少なくありません。そのような子どもたちが早めの支援によってスキルを身につけることができれば，学習のつまずきは避けられるかもしれません。あるいは，苦手なスキルを補うような手がかりを与えてもらうことによって，つまずきは軽減されるかもしれません。

　子どもがどのようなところでつまずいているのか，それはどのようなスキルが足りないためなのか，学習のつまずきをスタディスキルの視点でとらえてみると，具体的な支援方法が見えてきます。その結果，子どもたちは学びの喜びを実感し，学校生活をエンジョイすることができるようになります。

　言うまでもなく，学校教育の使命は子どもたちの学びを保障することです。すべての子どもたちが，毎日の学校生活の中で学びの喜びを実感し，"学校が楽しい"と感じられる学校づくりを進めていかなければなりません。

　すべての子どもたちが，毎日の学校生活の中で学びの喜びを実感し，"学校が楽しい"と感じられるようになるための支援を受けることができるよう，祈っています。

# 刊行に寄せて

横浜国立大学名誉教授　鈴村健治

　本書の執筆者たちは，横浜市で教職や行政職に携わり，特別支援教育に関する研修講師，相談業務などを精力的に行ってきました。教育現場での切実な思い，疑問，悩みなどに少しでも応え，子どもたちや教師を支援したいという思いが出版への強い動機となっています。

　特に編者の安藤さんとはずいぶん長いつきあいになりますが，彼女の印象を一言で言えば「何事にも全力でぶつかり，忙しさをプラスに変えて常に前進している人」です。自分から忙しさを求めて楽しんでいる，と言えるかもしれません。「今度，本を出版することになりました」と聞かされたときも，忙しい中でよく書く気になったものだと思い，それほどまでに書きたいという意欲はどこから出るのだろうかと興味をそそられたものです。

　本書は，おもに小学校低学年で身につけたい学習の仕方や習慣を，教師や保護者向けにやさしく具体的にまとめたものですが，ここで熱心な教員や親ほど陥りやすい問題があります。それは，「教えたからできるようになった」という思い込みです。そのような思い込みがあると，子どもが学習に行き詰まったときに「どうしてこんなことがわからないのか」とか，「どこがわからないのか」となじり，嘆くことで，その子が発憤してくれるのではないかと思ってしまいます。それでも子どもは黙って耐えますが，黙る理由は明らかで，「何がわからないのか，どこがわからないのか，何と答えればよいのか」が自分でもわからないのです。わからないこと自体がわからないと言ってもよいでしょう。

　ある先生から，「小学校3年生で，計算は速くて正確なのですが，文章題になるとむずかしい問題は解けるのに簡単な問題が解けないときがあり，その原因がわかりません。怠けているとは思えないのですが」と言われたことがあります。調べた結果，そのお子さんは記憶力がよくてなんでも簡単に覚えられるので，覚えたことを頼りに素早く正確に答える傾向がありました。正しく覚えていれば，過去に習ったことにはてきぱきと答えられますから一見聡明そうに見えます。しかし，学年が上がれば記憶を頼りに答えることには限度がでてきます。課題の意味，目的，解く方法，記憶に頼る部分はどこかなどを考えなければなりません。

　そこで「算数から離れて日常の簡単な出来事を文章化して考えさせるようにしましょう」とアドバイスして，なぜそのように答えたかを子どもに考えさせるようにしました。夏休みに集中的に取り組んでもらったところ，その効果に先生が目を見張るほどになりました。

　本書は，このような問題と実践に取り組んでいます。子どもたちが「なぜできないのか，どうすればできるようになるのか」を考える有効な手だてになりうると信じています。

小学生のスタディスキル
# CONTENTS

はじめに
刊行に寄せて

## 第1章　スタディスキルを育てる　9
① 子どもたちの学びを見直そう　10
② なぜ，子どもたちは学べないのか　16
③ 一人一人を生かした学びの力を育てよう　19

## 第2章　こんなスタディスキルを育てたい　23
① はじめに　24
② 読むスキル　26
③ 書く（書字）スキル　29
④ 聞く・話すスキル　31
⑤ 計算（数概念）スキル　33
⑥ 問題解決のスキル　36

## 第3章　学校が楽しくなるスタディスキル　39

朝の会
① 先生の話を聞く　40
② 一日の見通しをもつ　42
③ 「きょうのめあて」をもつ　44
④ 朝の会の司会をする　46
⑤ ショートスピーチをする　48

国語
⑥ いろいろな言葉で表現する　50
⑦ ひらがな・カタカナを読む　52
⑧ 文を読む　54
⑨ 物語のあらすじをつかむ　56
⑩ 鉛筆で書く　58

|⑪| 特殊音節など 60
|⑫| 漢字を書く 62
|⑬| 作文を書く 64
|⑭| 感想文を書く 66
|⑮| ノートに書く 68

算数 ⑯ 数のまとまり 70
|⑰| 繰り上がりの計算 72
|⑱| 九九を覚える 74
|⑲| 時計を読む 76
|⑳| 形を見分ける 78
|㉑| ものさしを使う 80
|㉒| 位置と方向 82
|㉓| 道順を説明する 84
|㉔| テストを受ける 86

体育 ㉕ ボディイメージ 88
|㉖| 体を動かす 90
|㉗| 縄跳びをする 92
|㉘| ルールを守る 94
|㉙| 運動遊びをする 96

図工・生活 ㉚ はさみやのりを使う 98
|㉛| 観察記録を書く 100
|㉜| 絵を描く 102
|㉝| グループで活動する 104
|㉞| メモをとる 106
|㉟| 持ち物を整理整頓する 108
|㊱| 当番活動をする 110

家庭学習　㊲　時間の見通しをもつ　112
　　　　　㊳　自由研究をする　114
　　　　　㊴　宿題をする　116
　　　　　㊵　次の日の準備をする　118

# 第4章　すてきな支援者になろう　121

すべての子どもたちに学ぶ楽しさを／機会の平等ということ／学習のつまずきをもっと重視する／だれかが，どこかで，ほんの少し


参考文献一覧
おわりに

# 1章 スタディスキルを育てる

# 1 子どもたちの学びを見直そう

## ■スタディスキルとは

　「スタディスキル」は，特に小・中学校では，まだ馴染みの薄い言葉だと思います。学問的に統一された定義がないので，本書では，小学校低学年で身につけたい，学習をスムーズに進めていくために必要な「学び方」のことを，スタディスキルと呼ぶことにします。

　近年は大学でスタディスキルの指導をするところが増えており，大学で学ぶ意味から，講義の受け方，ノートや記録の取り方，情報検索や調査の仕方，論文やレポートの書き方まで，きめ細かに学生への指導が行われています。また，民間の教育機関やNPO等では，学習につまずきのある小・中学生のために，苦手な課題への取り組み方や上手な情報処理の方法などについてのトレーニングを行っているところもあります。

　世界に目を向けてみると，個に応じた学習支援が日常的に行われている国々では，子どもの年齢や発達段階に即したスタディスキルへの支援が，組織的に行われています。その内容は，小学校低学年で必要とされる「ノートや教材の準備」「学習の場所や時間を知る」「読み・書き・聞く・話すの基本的スキル」「作文の書き方」などの初歩的スキルから，「ノートの取り方」「レポートの書き方」「試験の受け方」など大学生が必要とする高度なスキルまで，多岐にわたります。また，「宿題」「予習」「計画的なテスト勉強」など，家庭学習で必要とされるスキルへの支援も含まれています。

　日本の小・中学校でスタディスキルの取り組みが意図的に行われている状況はまだありませんが，スタディスキルが身についていないために，本来の力が発揮できない，思うように学習が進まないなど，スタディスキルの習得を必要としている子どもは多いと思われます。早めの支援で小学校低学年のうちにスタディスキルを身につけさせることができれば，授業で学習につまずくことを避けられるかもしれません。あるいは，苦手なスタディスキルを補うような手がかりを与えることができれば，学習のつまずきが軽減されるかもしれません。

　そこで本書では，学習活動の基本的な構成要素である「読む（音読）」「書く（書字）」「聞く・話す（コミュニケーション）」「計算（数概念）」の4つの領域のスキルと，学習過程全体を支える「問題解決」のスキルを取り上げ，その支援方法を提案します。

　本書の全体構成は，次のとおりです（図1参照）。まず第1章では，なぜ，子どもたちがスタディスキルを身につける必要があるのか，スタディスキルを身につけることによって子どもたちの学びはどう変わるのか，について述べていきます。次に第2章では，子どもたちの学習（認知活動）を，脳の情報処理活動としてとらえ，スタディスキルを習得することでどのように学習が支援されるかを考えます。

　そして第3章では，第2章で述べた5つのスキルを身につけるために，具体的な学習場面において，どのようなスキルの支援が可能かを考えます。また，5つのスキルのベースとな

る学習のレディネスにかかわる支援についてもふれています。最後に第4章では、「すてきな支援者になろう」と題して、子どもたちの学習支援に必要な心構えとどのような留意点が必要かを検討します。

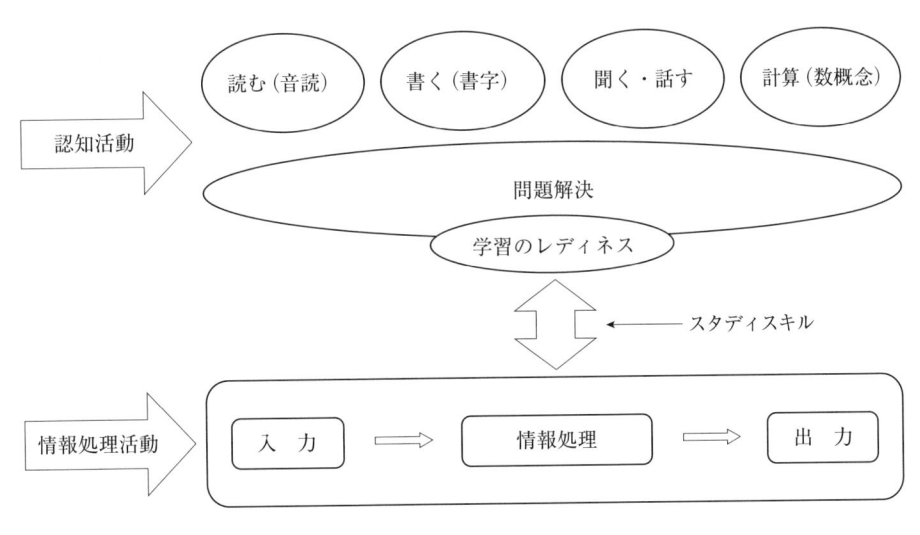

図1　本書の全体イメージ

## ■ソーシャルスキルとスタディスキル

「ソーシャルスキル」とは、ルール理解や役割遂行など集団参加にかかわるスキル、言語的・非言語的なコミュニケーションスキル、他者を理解し情緒的交流を図る対人関係スキル、自分自身を振り返り自律的・自立的に生きるための自己理解スキルなどのことを指す言葉です。多くの場合、ソーシャルスキルは、幼児期の子ども同士のかかわりを通して自然に習得されると考えられますが、近年は、核家族化や地域のつながりの減少から、子どもがソーシャルスキルを習得しにくい現象が指摘されています。そのため、ここ10年ほどの間に、学校ではソーシャルスキルの学習に盛んに取り組むようになりました。

近年話題になっている「小1プロブレム」も、これまでなら小学校入学前までにあたりまえに習得していると思われていた行動が子どもたちの身についておらず、集団行動がとれない、授業に集中できない、先生の話が聞けないなどの子どもたちが起こす問題行動です。このような子どもたちの問題行動を、社会性の問題としてとらえ、集団参加、コミュニケーション、対人関係といったソーシャルスキルの支援が行われています。ただし、ソーシャルスキルの学習では問題行動への対応と予防がねらいとされ、背景にある基本的な学習のつまずきへの支援までは及ばない現状があります。

いっぽう、私語や離席を繰り返し授業に集中できない、発言の順番に無関係に自分の言いたいことだけを主張しようとする、課題に取り組まず自分の好きなことをしている、机の上に教科書・ノート・筆記用具がそろえられない、机の周囲やロッカーに私物が散乱している、机の中に学用品やプリント類が乱雑に押し込まれている、あるいは、宿題・提出物などの忘

れ物が多いなど,学習の事前準備ができないなどの問題を,基本的な学習にかかわる問題（スタディスキルの問題）としてとらえれば,日々の授業の中でのかかわり方がみえてきます。

スタディスキルの問題は表面的にはみえにくく,問題行動の陰に隠れて周囲の関心を喚起しにくい状況があります。けれども,表面化の有無にかかわらず,学習面のつまずきは,子どもたちの学校生活に大きなストレスを与えているのです。

---

### 小1プロブレム　　　　　　　　　　　　　　　　　　　　　　　Column

　保育所・幼稚園とは違う小学校の新しい生活環境に,子どもたちが慣れるまでには少し時間がかかります。それでも以前は,5月の連休明けには子どもたちは学校生活に慣れ,夏休み前には学級のまとまりができているのが普通だったように思います。ところが,最近では,一定の時期が過ぎても授業に集中できず,学級全体が落ち着かない状況があることが報告されています。

　平成21年に東京都で行われた公立小学校1年生の学校生活への適応状況調査では,校長・教員のうちの20％が,授業中の立ち歩き,指示に従わない,けんかやトラブルなど,子どもたちの不適応状況を経験し,そのうちの80％が4月・5月に発生したと報告されています。またその要因として,耐性・生活習慣の欠如,家庭の教育力低下,集団生活の経験不足による人とのかかわりやコミュニケーションに関するスキルの弱さが指摘されています。

　そこで,保育所・幼稚園ではアプローチ・カリキュラム,小学校ではスタート・カリキュラムといった移行期プログラムが作成され,保育（幼児教育）から小学校教育へのソフトランディングを図る取り組みが行われています。

## ■一人一人のつまずきの背景

　小学校低学年の教室をちょっと覗いてみましょう。

　低学年の教室には，次のAさん，Bさんのような子どもたちが少なからず見られます。このような子どもたちを，私たちは「学習態度が身についていない」「学習意欲が低い」ととらえがちです。しかし，子どもが「学ぼうとしない」（やる気や態度）のではなく「学ぶことができない」（能力）のだととらえるとどうでしょうか。子どもの学習のつまずきに気づくことができ，具体的な支援を考えるスタートになります。さらに，どのようなスタディスキルが足りないのか，どのようなスタディスキルを身につけると楽しく学べるのかと考えることによって，その子どもが必要としている教育的ニーズがみえてきます。

① Aさんの場合

　小学校1年生のAさんは，好奇心いっぱいで，いろいろなことに興味・関心を示しますが，落ち着いて授業に参加することができません。Aさんの様子を注意して観察すると，体のどこかが常に動いています。言葉のやり取りでは，ちぐはぐな答えが返ってきます。よく聞くと，Aさんなりに筋は通っているのですが，会話の意図は正しく伝わっていないようです。音読では，ひらがなを拾い読みしています。読み書きのつまずきもあるようです。

　そこで先生は，Aさんに対して，注意を集中しやすいように，教室環境や座席の位置な

好奇心いっぱいAさん

① いつもキョロキョロ

③ 1つの活動は10分以内で
　説明は10分
　話し合い10分
　ドリル10分
　まとめに10分

② 余分な刺激をなくしてみよう
　スッキリ　6月11日（木）

④ 集中できるようになったよ！

どについて配慮をしました。また，注意の集中が持続するように，静と動を組み合わせた授業展開を工夫し，授業を進めるうえでの言葉かけや時間配分にも工夫しました。説明する際には，主述を整え，短く端的な表現で，順序よく文を並べたり，少しずつ順を追って話したりするように心がけました。また言葉の説明だけで理解できないことも多いので，文字，写真，絵などの視覚的手がかりを添えるようにしました。さらに，読み書き能力の基礎を習得させるための個別的な支援も行いました。

つまりAさんは，刺激が多い学級集団の中で，先生の言葉を正確に理解し，必要な情報だけに目を向けることがむずかしかったのです。教室にはさまざまな音声や視覚的な刺激があふれかえっており，うまく情報に集中することができませんでしたが，担任の先生のこうした支援によって，Aさんは重要な情報に耳や目のアンテナを向けることができるようになりました。

② Bさんの場合

Bさんは，授業中ぼんやりすることが多く，いつもやる気がなさそうな表情をしています。ノートを点検してみると，順番に書かずに好きなページに書いているようで，白紙のページや書きかけの文字が目立ちます。ノートの隅がめくれ，落書きもあちこちにあります。

あるとき，チャイムが鳴って給食の時間となり，「黒板を写した人から給食の準備をしましょう」と先生が指示をしました。その言葉を聞くや否や，Bさんはノートを広げたまま教

いつもぼんやりBさん

① 乱雑なノート

② 時間をあげても書けない

③ 先生と一緒に書こう

④ 黒板が近くてうれしいな

室を飛び出して行きました。机上に残されたノートには，黒板の文字は何も写されていません。呼び戻されてBさんはもう一度席に座りましたが，途方に暮れた表情で座ったままノートに書くことができませんでした。そこで，Bさんの席を黒板の前に据え，一つ一つ写す文字や絵を言葉で説明しながら指で指し示してみました。すると，ようやく，Bさんは黒板の文字をノートに書き写し始めました。

　Bさんにとって，黒板に書かれた文字や絵をノートに写すことには大変な困難があったのです。席を黒板の前に移動させたことで，課題は易しくなりました。黒板とノートの距離が短くなったことで，黒板をノートという次元の異なる平面間の視線の移動が容易になり，記憶を保たなくてはならない時間も短くなりました。また，写すべき文字や絵を言葉で説明しながら指で指し示したことによって，情報が耳からも入り，注意を集中すべき対象が視覚的にもとらえやすくなりました。

③　気づきから支援がスタートする

　学習に対する子どもたちの不全感は，充実した学校生活を阻害し，二次的な情緒的問題や学校不適応の誘因になります。また，非社会的・反社会的な行動の背景に学習困難の問題があることも指摘されています。子どもたちの将来の自立を支える力，思考力や判断力，想像力や創造性などは，学齢初期からの学習の積み重ねの上に醸成されるものです。

　子どもたち一人一人の状況を観察し，どのようなところでつまずいているのか，それをクリアするにはどのようなスタディスキルを身につけることが必要か，学習の実態をスタディスキルの習得の視点でとらえれば，その過程でどのような支援が効果的なのか，みえてくるでしょう。ちょっとしたひと工夫で，今まで身につかなかったスキルが習得できることもあります。その結果，子どもたちは学びの喜びを実感し，そこから先は，自分の力で歩みを進めていくことができます。

　教師や保護者を始め子どもたちの支援者は，行動面で目立つ子どもたちの中に学習面の問題が隠れていることをまず理解し，できるだけ早期に，その子の困難さの本質に迫る指導を展開することが重要です。

# 2 なぜ,子どもたちは学べないのか

## ■学習のレディネス

　小学校就学期前後の子どもたちは発達の個人差や特性の違いが大きく,みなそれぞれに個性的です。生活面でも学習面でも実態はさまざまであり,小学校生活のスタートラインは一直線ではありません。違いがあることはすばらしいことで,多様な個性が触れ合い学び合うことで,子どもたちは互いに成長していきます。しかし,学校で学ぶための基礎・基本的な「学習のレディネス」が形成されておらず,それが学習に著しい影響を与える場合には,スタートラインを調整するための支援が必要となります。

　ここで述べる学習のレディネスとは,小学校での学習の基礎となる基本的な言葉や数の概念の習得を指しています。これらは,視知覚の発達や「視覚-運動」協応の発達(目で見て物事を認知する力や,目で確認しながら物を操作したり体を動かしたりする力)を背景に,幼児期における遊びや生活経験を通して自然に習得されます。また,未知の出来事や経験に対する興味・関心,「どうして?」「なぜ?」と思う知的好奇心なども,幼児期のさまざまな経験を通して身につき,その後の学習の原動力となります。

　学習のレディネスの習得状況には個人差がありますが,十分に習得されないまま小学校に入学すると,例えば,音読の仕方がおかしい,バランスの悪い文字を書く,特殊音節を含む単語の読み書きができない,だらだらとした要領を得ない話し方をする,いつまでも指を使って計算するなど,1年生の段階で学習の遅れの徴候が認められることがあります。これを放置すれば,子どもは自信と学習意欲を失い,学校生活全般に影響する可能性もあります。ですから,できるだけ早くこうした兆候を見つけ,支援することが必要です。

　本書では,このような学習のレディネスについても,スタディスキルのベースとして取り上げます。

## ■認知特性の違いと学習スタイル

　子どもたちに個人差があっても,わかりやすい授業の工夫や取り組みやすい学習環境の配慮などによって,小学校1年生が終わるころまでには,たいていの子どもの学習の遅れはキャッチアップできます。しかし,なかには小学校2年生を過ぎても学習の遅れが取り戻せない子どももいます。このような場合,LD(学習障害)を視野に入れた個別的な学習支援(その子に合った支援)を考えていくことが必要となります。

　LDとは,読み・書き・聞く・話す・計算する・推論するといった基本的な学習に困難が生じている状態像を指す教育的な概念です。このような困難は,認知的な偏り(人間の認知活動を情報処理に見立てたときの情報の入力,処理,出力のどこかに得意・不得意の偏りが

あること）の結果として起こると考えられています。LD には，一人一人の認知的特性（認知的偏りの様相）によってさまざまなタイプがあり，小学校入学後，体系化された文字や数の学習が開始されてから顕在化するのが一般的です。さらに，LD に ADHD（注意欠陥多動性障害）や高機能自閉症などが合併し，学習面だけでなく行動面や対人関係などにも問題が生じるケースも少なくありません。

　しかし，LD（LD 傾向）があるからといって，子どもに学習全般の理解力がないというわけではありません。認知的な偏りがあっても，弱い面ばかりでなく強い面も必ずもっています。その"強い面"を見つけ出し，その子の学習スタイル（強い認知的特性を生かした学習方法）を生かすことによって，効果的な学習が進められるようになります。

　つまり，LD の子どもは理解する力はあっても一般的な学習方法や学習環境では学べないため，理解しやすい学習環境に配慮するとともに，その子どもの認知特性や情報処理能力にマッチした学習の仕方についての支援を早期に行うことが必要なのです。そのような力を育てることで，最終的には，子ども自身が主体的に学習に取り組み，自分自身の力で伸びていくことができるようになります。また，学習面のつまずきが，情緒や行動面，対人関係などの二次障害に波及し，問題が複雑化することを予防することができます。

　教科学習の視点からみても，学年が進むごとに学習課題は高度になり，必要とされるスタディスキルの難度も高まります。筆者の調査（2001 年）では，小学校 1 年生から 6 年生まで 459 名を対象とする読みに関する調査の結果で，学年が高いほど単語が読めない子どもの比率が高いことがわかりました。学年相応の読みレベルより 2 学年下位にある子どもの割合は，3 年生 3.0％，4 年生 13.3％，5 年生 12.0％，6 年生 21.1％でした（図 2 参照）。その要因として，3 年生以上で急激にむずかしくなる漢字学習の影響が推測されました。小学校 3 年生ころから，学習課題は量が増えるだけでなく質的に変化します。要求される学習課題の難

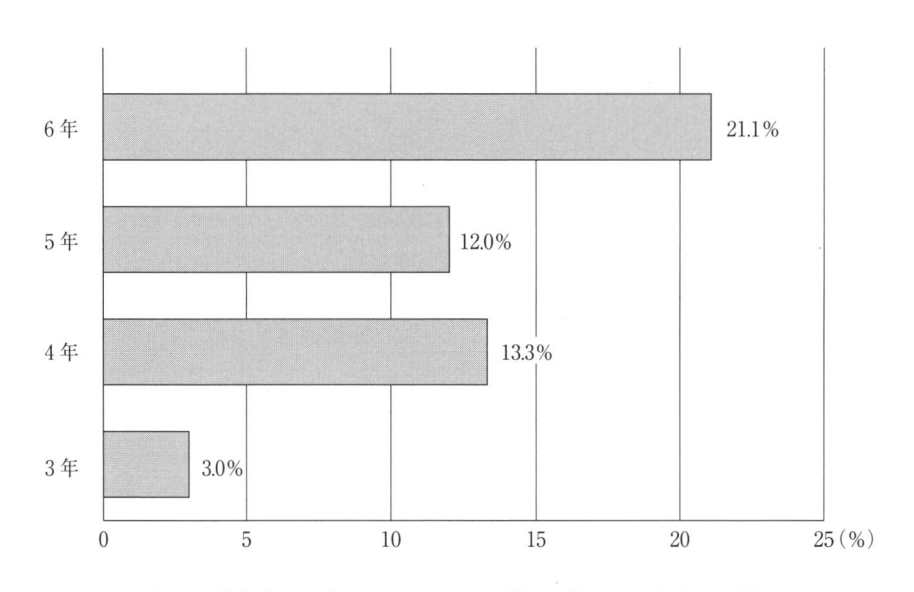

図2　学年相応の読みレベルより2学年下位にある子どもの割合

度が高まるにつれ，認知発達の速度や認知特性の違いによる個人差が学習の習得度に影響するものと考えられます。

ここからも，LD（あるいはLD傾向）がある子どもを発見したら，できるだけ低学年のうちに支援を開始しなければならないことがわかります。

---

### 認知発達と学習進度　　　　　　　　　　　　　　　　　　　　　Column

　小学校6年間の子どもの成長・発達には，他の時期にはない急激な変化がみられます。小学校1年生には幼児期の特徴が残りますが，6年生はすでに思春期の入口にあります。

　子どもの知能や思考も急激に発達します。ピアジェ理論によれば，7歳以前の幼児期は直観的思考を土台とし，7・8歳（小学校1・2年生）～11・12歳（小学校5・6年生）の学童期は具体的操作を通して思考し，12歳以降は成人と同様の形式的操作による思考へと移行します。

　小学校就学期は直観的思考から具体的思考への過渡期にあたり，体の成長が一人一人異なるように，認知的な発達にも個人差が大きい時期といえます。ですから，低学年の時期には，学習面のつまずきの有無にかかわらず，一人一人の学習の実態をきめ細かくとらえ，それぞれに適したスタディスキルの習得を促す必要があります。

　これに対して，高学年の時期には，思考様式が具体的操作から形式的操作へ移行します。そこで，認知発達の速度や認知特性の違いによる個人差に合わせ，子どもによって具体から抽象へと学習方法を移行する速度を変えていく必要があります。例えば，抽象的思考が弱く計算スキルがなかなか身につかない子どもには，高学年であっても理解を助けるための具体物（教材・教具）が必要とされます。目に見える教材・教具を操作することで，子どもの弱いスキルを補い，より強いスキルの習得を促すための思考の道具とするのです。マルチメディアを活用した教材がわかりやすい理由は，抽象的な概念が，映像や音声を媒介に具体的なイメージとして表現されているためです。

| 【直観的思考】<br>4～7歳<br><br>基本的な概念が形成される。言語や心的イメージが発達する。思考は直観的で見かけに左右される。 | 小学校<br>1・2年生 → | 【具体的操作】<br>7・8歳～11・12歳<br><br>心的操作が可能になる。事象の変化をとらえることが可能になる。物と物との関連性や時間，空間などに関する問題解決が可能になる。 | 小学校<br>5・6年生 → | 【形式的操作】<br>11・12歳～<br><br>抽象的な概念が理解できるようになる。特定の事象を一般化してとらえられるようになる。 |

ピアジェ理論による子どもの思考の発達
（無藤 p.61・太田 p.19 をもとに改変）

# 3 一人一人を生かした学びの力を育てよう

## ■学びの必然性

　スタディスキルを支援していくうえで，子どもが「学びの必然性」を感じているかどうかはとても重要なことです。学習の主体である子ども自身が，「もっとできるようになりたい」「わかるようになりたい」と思い，そのためにスキルを身につけることが必要だと感じ，積極的に取り組もうとする思いをもつことは，学習を進めていく前提となります。

　例えば，ある町をバスで観光したときのこと，「この町は坂が多いため，自転車に乗れない人が多いのです。私も，小さいころから自転車に乗ったことがないので，いまも乗れません」というガイドさんの説明がありました。高台に古い建物が点在する美しい町ですが，なるほど自転車は見かけませんでした。

　自転車に乗れるようになるためには，練習が必要です。上手に乗る人の見本を見ながら，だれかに手伝ってもらい，何度か転んだり怖い思いを経験したりしながら練習を重ね，ようやくスキルとして身につけることができます。例のガイドさんも，もちろん，練習さえすれば，それほどむずかしくなく自転車に乗れるようになったことでしょう。しかし，山が海まで迫り平地が少ないこの町で育った彼女にとって，自転車はあまり有用ではなく，学びの必然性はなかったのです。

　いっぽう，自転車と子どもをイメージすると，ギャングエイジの子どもたちの姿が目に浮かびます。児童期の子どもたちが徒党を組んで自転車を乗り回す姿を，昔はよく見かけました。いまも，この時期の子どもにとって，自転車に乗ることは，友達と遊ぶために欠かせないスキルです。そのため，子どもたちは必死に練習し，自転車に乗れるようになろうと努力

します。

　自転車に乗れるようになりたいと願う子どもにとって，自転車の乗り方（スキル）を習得することは必然性があり，一生懸命練習しようとする強い意志が働いています。だからこそ，子どもたちはスキルを身につけることができるのです。

### ■自律的な学習

　子どもを主体として学習を考えると，学習は，教師や保護者が用意してくれた課題から自分の興味・関心に合ったものを選び取ったり，あるいは，子ども自身が自分の興味・関心から課題を見つけ出したりするところから始まります。まず「面白そうだ」「やってみよう」と感じ，既有の知識の中から課題に適した解決法を選択し，それを活用して課題に取り組みます（プラン・実行）。成功すれば大きな達成感が生まれ，さらに次への意欲が高まりますが，成功しなければ意欲は低下します。ですから，取り組みの後には子どもへの適切なフィードバックが必要となります。それによって，子どもは，なぜ成功しなかったのか，どうすれば成功するのか，自分自身の課題解決過程を振り返り（モニタリング），「こんな方法もあるかもしれない」「少しむずかしそうだけれど試してみよう」と新たな解決法を選択するのです（修正）。

　このように，自律的な学習は，自己目標を設定し，学習方法を自己選択・自己決定し，自己評価しながら，この「プラン―実行―モニタリング―修正」のサイクルを繰り返すことで進んでいきます。

　自律的な学習のために，小学校低学年で身につける必要があるスタディスキルには，基礎・基本的な学習のレディネス，自分の得意な認知特性を生かした学習スタイル，学習を効果的・効率的に進めるための学習方略等のほか，好きな教科・領域や課題への興味・関心，学習への取り組みに関する意欲・態度などがあります。これらのスキルは，大人になってから生涯学び続けるための学習力の土台でもあります。

　学びのプロセスを重視するPBI（Process Based Instruction）の考え方では，自律的な学習を支える要素として，「知識」「活用」「意欲」の3つの要素があげられています（Ashman

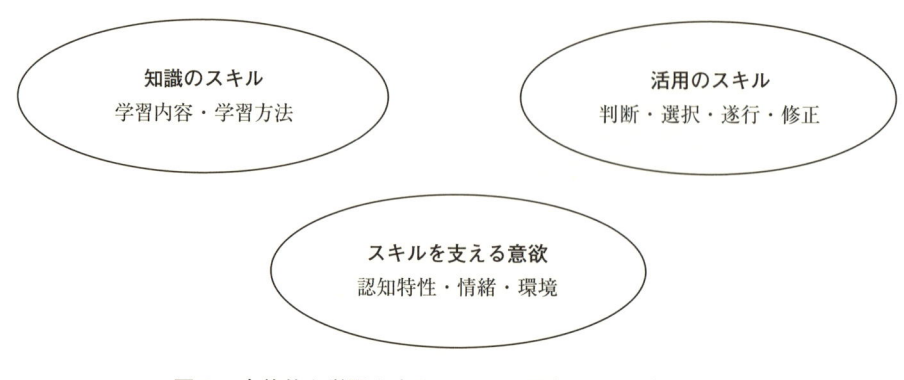

```
   知識のスキル              活用のスキル
   学習内容・学習方法       判断・選択・遂行・修正

              スキルを支える意欲
              認知特性・情緒・環境
```

図3　自律的な学習を支える3つの要素とスタディスキル

& Conway, 1994；筆者訳）（図3参照）。これらの要素を構成するスタディスキルをしっかりと身につけることが重要です。

「知識」には，学習内容や学習方法に関するスキルが含まれます。それだけでなく，時や場に応じた効果的な学習方法や異なる学習プロセス，あるいは，必要な知識を得るための情報収集の仕方などに関する知識も含まれます。

「活用」には，判断・選択・遂行・修正のスキルなどが含まれ，学習の司令塔として，課題状況を的確に判断し，すでにもっている知識を集め未知の知識を補いながらプランを立て，効果的・効率的な方法を選択・遂行し，ときに修正しながら課題解決を行います。

知識や活用を支える「意欲」は，動機づけともいわれ，個人の認知特性や情緒，環境などに依存しています。なかでも自律的な学習においては，自分自身の内面から湧きあがってくるような内発的動機づけこそ重要であるとされています。あるいは，モチベーションといったほうが伝わりやすいかもしれません。学習への取り組みを継続させるためには，だれかに促されたものではなく，内面から湧きあがってくる意欲が欠かせないのです。

これらのスタディスキルがよい循環を繰り返しながら，子ども自身が主体となって自律的な学習が達成されるのです。

## ■スキルの自動化

「自動化」とは，意識を集中しなくても無意識的に行為や行動が遂行できることをいいます。さきほどの自転車の例で考えると，われわれは，ひとたび自転車に乗ることを覚えたら，しばらく乗らなくても乗り方を忘れることはありません。スキルを体で覚えているからです。自転車の乗り方に関する手続を意識しなくても，自転車に乗ることができるうえ，自転車に乗りながら，周囲を見回したりいろいろ考え事をしたり自由に振舞うこともできるようになります。もし自動化されていなければ，自転車に乗ることは楽しみではなく，厳しいトレーニングになってしまうでしょう。同様に，スタディスキルも，自動化されてはじめて真のスキルになります。

では，読みのスキルを例に，スタディスキルの自動化について考えてみましょう。

小学校低学年では「拾い読み」という現象がしばしば見受けられます。例えば，「わたしは，きのう，お母さんとお姉さんと，どうぶつえんへ行きました。はじめに，ペンギンの池を見ました。ペンギンは気持ちよさそうにすいすいと水の中を泳ぎ回っていました。次に，……。」という文章を読むとき，「わ・た・し・は・き・の・う……。」と，たどたどしく音読する子どもがいます。このような子どもに，「いつ行きましたか？」「どこへ行きましたか？」「だれと行きましたか？」という内容に関する質問をしたら，どこまで答えることができるでしょうか。一つ一つの文字を懸命に読むレベルでは，文章全体の要旨を正しくとらえることはできません。一方，すらすらと音読できる子どもにとっては，「いつ」「どこ」「だれ」といった個々の事象に関する質問には比較的簡単に答えることができます。

いつ，どこ，だれといった基本的な内容を読み取るためには，「この字は何て読むんだっ

け？」などと，いちいち考えなくても文字を読めるレベルに達成していることが必要です。この段階を「読みの自動化が達成されたレベル」ということができます。個々の文字の拾い読みでなく，目で見た瞬間に単語のまとまりとしてすらすらと読めるスキルを習得することが読みの自動化であり，読みの基本的スキルとして不可欠のものといえます。

### ■チームによる多様な支援

　近年，「多様性」という言葉が盛んに取り上げられますが，学校教育も同様で，子どもたち一人一人の状況は，まさに多様化しています。そして，子どもたちの多様化に伴い，指導者にも多様性が求められています。

　子どもの発するシグナルを，異なる立場のメンバーが集まり，多様な視点から眺めてみると，見えなかったものが見えるようになったり，支援の方法が見つかったりします。学級を学校全体に，さらに，保護者や学習支援員など，家庭・地域社会にも開き，チームとなって協働することが必要です。

　子どもにとっても，自分を支えてくれる支援者は多様であったほうが望ましいのです。子どもたちは，困ったときに助けてくれる大人をさまざまな場面で必要としています。子どもたちが生活する地域社会は人材の宝庫です。さまざまな人々によるさまざまな形での支援が得られます。また地域の人々からの支援は，学校を風通しのよいものに変え，学校全体でさらなる教育活動の活性化が促進されます。

　また，家庭との連携が大切であることは，言うまでもありません。スタディスキルの支援も，学校だけでできるものではなく，学校と家庭が連携してこそ達成されるものです。例えば，毎日決められた家庭学習の時間を確保すること，宿題や予習・復習をすること，明日の学習の準備を時間を決めて確実に行うことなど，毎日の学習習慣は家庭でこそ身につけられるものです。

　PISA（OECDによる学習到達度調査）の結果では，各国と比べて，日本の子どもたちの学習意欲や学習への興味関心の低さ，家庭での学習時間の少なさが指摘されました。家庭と学校がともに連携し，子どたちを育てる異なる役割を果たしていくことが大切だと思います。

# 2章

## こんな
## スタディスキルを
## 育てたい

# 1 はじめに

　第2章では，学習を「読みに関するもの」「書きに関するもの」「聞く・話すに関するもの」「計算に関するもの」「問題解決に関するもの」の5つに分けて，学習のつまずきとスタディスキルがどう影響しているのか，子どもの認知特性とスタディスキルにはどのような関連があるのか，それぞれのスキルを育てるためにはどのような支援が必要か，について述べていきます。支援の対象は，小学校就学前後から小学校低学年の子どもたちを想定しています。

## ①読みに関するスキル

　読みは，「音読」と「読解」に大別されます。本書では，読み学習の初期に課題となる「音読」のスキルを中心に取り上げます。

　体系的な読みの学習が始まるのは，小学校に入学してからですが，実際には，子どもたちは幼児期の早期から，日常的な生活経験を通して「読み」を始めていることが，過去の研究から明らかにされています。小学校での学習も，多くの場合，このような学習のレディネス（第1章参照）を前提として進められています。しかし，子ども自身の認知発達の状況や，家庭環境，教育環境の違いには個人差があり，小学校就学期までにすべての子どもたちが同一レベルで読みの基本スキルを習得しているかというと，そういうわけではありません。

　読みのスキルは，学習全般を支える基本的スキルです。早めの支援によって，みんなと一緒に上手なスタートを切れるかどうかが，その後の子どもの学習に大きく影響します。

## ②書字に関するスキル

　「読み書き」という表現が一般にもよく使われますが，実際には「読み」と「書き」は，異なる認知的背景をもっています。もちろん，文字言語の理解・表現という枠組みでは共通しており，「読めない」ことの結果として「書けない」ということはありますが，読みと書きを単純に結びつけることはできません。読みと独立した書きの苦手さもある，ということです。また，文字や単語を書くことに比べ，文や文章を書くことはより高度な活動であり，さまざまな認知機能を相互に関連させる総合的な力が必要とされます。

　本書では，まずひらがなや漢字を書くための基礎となる，文字レベルの書字のスキルを中心に取り上げます。

## ③聞く・話すに関するスキル

　コミュニケーションは，「言語や文字，視覚，聴覚等を媒介とする社会生活を営む人間の

間に行われる知覚,感情,思考の伝達」(『誠信心理学辞典』誠信書房,1981)と定義され,大変幅広い概念を含んでいます。学校生活における「聞く・話す」のコミュニケーションにも,先生や友達との日常場面における相互交流から学習場面での意見交換まで,さまざまなレベルがあります。本書では,主として授業などの学習場面で必要とされる,話し言葉によるコミュニケーションのスキルを考えます。

## ④計算に関するスキル

　計算は,教科学習(算数学習)の一領域として体系的に習得されます。計算スキルをスムーズに身につけるには,その前提として,子どもたちが幼少期の生活経験を通して,数に関する言葉や数の概念を自然に身につけていることが大切です。このような学習の基礎となるレディネスが十分でない場合,子どもたちは算数の学習に大変苦戦します。

　本書では,数概念の獲得が十分に達成できていない子どもたちの学習をどのように支援していくかを取り上げます。

## ⑤問題解決に関するスキル

　1日の生活の大半をすごす学校は,子どもたちにとっての「社会」そのものです。学校生活のさまざまな場面で,子どもたちの多様な個性はぶつかり合い,助け合い,学び合って成長していきます。このとき,子どもたちは,学校生活の中で常に問題解決を迫られます。学校生活のすべてが問題解決場面といってよいかもしれません。

　学習や生活で起こるさまざまな問題に対して,自分自身の学習過程をコントロールしながら,主体的に問題を発見し,めあてを見つけ,プランを立て,実行すること,実行のプロセスで振り返りと修正を重ねながら最終的なゴールをめざす,そのような自律的な学びのために必要なスキルを取り上げます。

　次に,①～⑤のスキルと第3章の項目との関係を示します。以下に含まれていない項目は,5つのスキルのベースとなる学習のレディネスに関連する支援として取り上げました。
　①読みに関するスキル……7,8,9
　②書字に関するスキル……10,11,12,13,14,15,31,34
　③聞く・話すに関するスキル……1,5,6
　④計算に関するスキル……16,17,18,19
　⑤問題解決に関するスキル……2,3,24,28,33,35,36,37,38,39,40

# 2 読むスキル

## ■「読み」のつまずき

　小学校低学年では，子ども一人一人に「音読カード」を渡して，「国語の教科書を読んでお家の人にサインをもらってきましょう」というような宿題がしばしば出されます。声に出して読む機会が多いため，子どもたちがどのような読みをしているのか，読み方の苦手さがあるのか，家庭でも学校でも把握しやすい状況にあります。

　ところが，高学年になると黙読が中心になり，音読の機会は減少するため，読みの苦手さがあっても目立たなくなります。いっぽうで，読みの苦手さそのものはいっそう重篤になり，国語に限らずすべての教科に影響し，学習全体が停滞することになります。

　ひらがなの読みでよくみられるのは，一文字一文字を切れ切れに拾い読みする（拾い読み），単語の一部を読み飛ばしてしまう（読み飛ばし），文字が置き換わっておかしな単語になってしまう（置換）など，単語レベルのつまずきです。文や文章レベルの読みでは，1，2行抜かして読んでも気がつかない（行の読み飛ばし），「いきました」を「いました」あるいは「いきます」のように，語尾が変わって意味が通らなくても気にしない（語尾の勝手読み）といった様子もみられます。

## ■つまずきの背景と支援

　読み（音読）は，①文字の形を弁別し，②脳内に記憶されたパターンと照らし合わせ，③「文字―音」を対応させ，④音として表出する，というプロセスで構成され，一連のプロセスのどこかに問題があれば困難が生じると考えられます。

　認知能力の高さにもかかわらず読みが特異的に困難な状態をディスレクシアと呼び，英語圏では学童の10～15％にみられるといわれています。「ディスレクシアとは，神経学的な要因による特異的な学習障害で，正確で流暢な単語の読みの困難，綴りの困難，文字―音対応の困難よって特徴づけられる。言語の音韻的な構成要素の障害を基盤とし，認知能力の高さや適切な教育にもかかわらず生じる。」（IDA：The International Dyslexia Association, 2002；筆者訳）と定義され，言語の違いによって発症率が異なるものの脳機能レベルでの共通性が認められます。音韻処理困難が基盤にあり，ディコーディング（文字と音を結びつけること）と流暢性（素早く正確に読むこと）に障害がある，と仮説されています。

　日本語では欧米に比べて低い発症率とされていますが，詳細は明らかではありません。表音文字であるひらがなやカタカナでは，アルファベットと同様の基盤をもつ読みの困難さがあると推測できます。

　また，日本語固有にみられる問題としては，漢字の読みの困難があります。表意文字であ

る漢字の読みには，ひらがなやカタカナと異なる認知機能がさらに関係していると考えられます。漢字には訓読みと音読みがあり，場に応じて読み分けなければならないからです。

　例えば，1年生で学習する「五」には，「ゴ」の他に「いつ」という読み方があり，「五日」と書くと「いつ(か)」と読み，「五つ」と送り仮名を振って「いつ(つ)」と読む場合もあります。ところが，実際には，「五つ」を「ごつ」と読む子どもはたくさんいます。一度覚えた漢字の読みにこだわり，多様な漢字の読み方が習得できないというのは，読みの苦手な子どもの特徴です。

　また，形や意味が似ている漢字の読み誤りもしばしばみられます。例えば，「春」を「あお」，「太くて」を「おおきくて」のように，線分の数や点の有無といった漢字細部の視覚情報を正確にとらえることができないための読み誤りがありますし，「春」を「はな」のような音韻的読み誤り，「北」を「みなみ」のように，意味を混同してしまうための漢字の読み誤りもあります（図4参照）。

【視覚的読み誤り】
「春」→「ao」

【音韻的読み誤り】
「春」→「hana」

【意味的読み誤り】
「北」→「minami」

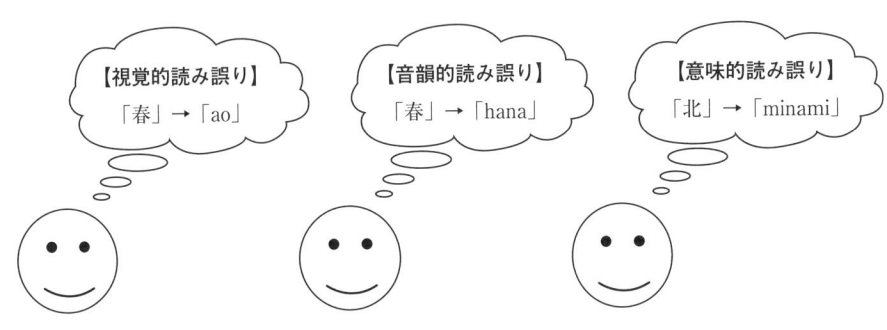

図4　視覚的・音韻的・意味的読み誤りの例

　また，単語には，形（字形），音（読み），意味（語彙）という3つの属性に関する情報（図5参照）が含まれますが，子どもの示す読み誤りを観察すると，認知特性の違いによって特徴的なパターンがあることがわかります。視覚処理の弱い子どもは形の情報処理スキルが弱く，音韻処理の弱い子どもは音の情報処理スキルが弱くなります。いっぽう，語彙の豊富な子どもの場合，形や音の情報処理スキルが弱くても，意味情報を活用して単語の読みが促進されます。

　このような個々の子どもの認知特性をとらえ，強い情報処理スキルを活用し，弱い情報処理スキルを補うような指導の工夫によって，読みスキルの獲得は促進されます。

　読むという活動は，人間の脳に遺伝的に備わっていた機能ではなく，文字が発明され，既存の脳機能にある知覚・認知・言語・運動のシステムが特殊化し，ネットワーク化した結果，新たに獲得された機能であるといわれています。

　日本は歴史的に識字率が高く，読みのスキルに対する研究的関心が低い傾向にあります。学校でも，文字の指導は「書いて覚える」というのが一般的であり，書字スキルへの関心が高い反面，読みのスキルについては関心の薄いのが現状です。ところが，実際には，読みが苦手な子どもたちが少なからず存在しており，読みの苦手さによって学業成績が上がらず，苦しんでいます。このような現状から，読みの苦手な子どもをできるだけ早期に発見し，読

みのスキルを獲得するための効果的な支援を行うことが必要です。

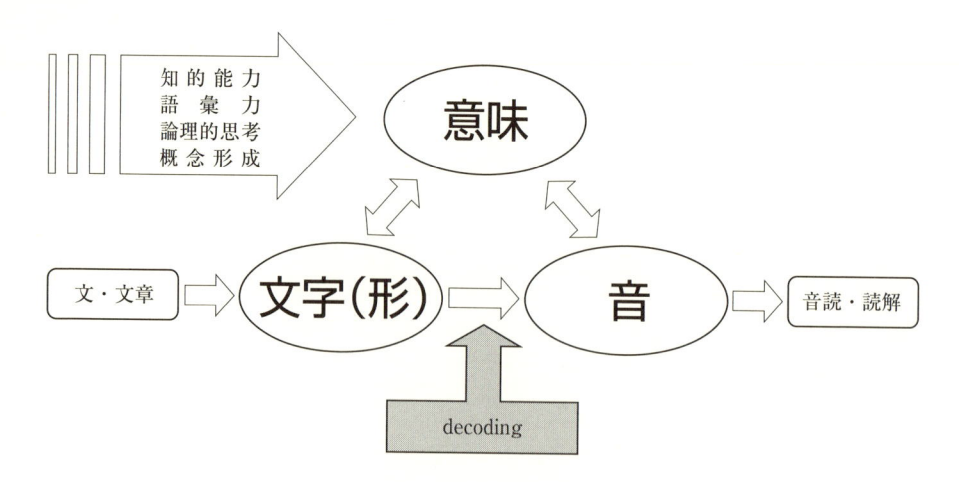

図5　単語音読モデル　—文脈から意味をつかむ—

【説明】　語彙の豊富な子どもでは，文字－音対応（decoding）の困難さがあっても，知的能力，語彙力，論理的思考力，概念形成などの能力を活用し，文脈から意味をつかむトップダウン的な読みによって，読みが促進される。

# 3 書く（書字）スキル

## ■「書く」のつまずき

　たいていの場合，小学校に入学して最初に書く文字は，自分の名前です。廊下に貼り出された子どもの「なまえ」を見て，字の形や特徴から「どんな子どもだろう」と想像するのは教師にとって楽しいものです。そこには1年生になった喜びが精一杯生き生きと表現され，どの文字も実に個性に溢れています。

　ところが，しばらくすると，文字を書くのが得意な子どもと苦手な子どもの差がはっきりしていきます。ノートを点検すると，さまざまな子どもたちの実態がみえてきます。先生が黒板に書いたとおり，形の整った文字が順番に並んでいるノートもあれば，ページがあちこちに飛んだり，一つ一つの文字の形が歪んだり文字が抜けておかしな単語に変わっていたり，読むのに一苦労するようなノートもあります。さらに学年が進むにつれ，その差はますますはっきりとしてきます。

## ■つまずきの背景と支援

　書くことがむずかしい原因は，いくつか考えられます。

　文字を書くという操作は，①文字を構成する線分の形や長さ，向きや位置などをとらえ，②そのパターンを脳内に記憶・蓄積し，③記憶・蓄積されたパターンを思い起こしながら順に指先の運動に変える，という一連のプロセスで成り立っています。そこには「目と手の協応（視覚—運動協応）」という能力が関与します。

　しかし，視知覚発達（視覚を通して外界を認識する能力）や運動発達には個人差があり，小学校低学年では子どもによってばらつきがあります。

　まず，③と関連して，手先が器用ではないために，書くことがむずかしい子どもがいます。このような子どもは，書くことだけでなく，折り紙を折る，のりづけをする，はさみで切る，などの作業も苦手かもしれません。こうした手先の問題は比較的練習効果が高く，のりやはさみの使い方を手順を踏んで教えていくように，文字を書くこともステップを踏んで教えていくと上達していきます。このとき，ノートの大きさや升目の有無はどうか，鉛筆やペンなどの道具は何がよいか，手本の提示の仕方はどうするとかわりやすいかなど，その子にとって書きやすい方法をスキルとして支援することが必要です。

　いっぽう，①や②の部分でつまずく子どももいます。①②は，文字情報の視覚的な入力と脳内の処理に関連するプロセスですから，手先の問題より改善がむずかしいと考えられます。

　視覚認知に問題がある場合，鏡文字を書いたり，似ている文字，例えば「あ」と「お」，「ね」と「れ」，「ソ」と「ン」，「ツ」と「シ」を書き間違えたりします。漢字では，「手」と「毛」，「人」

と「入」を混同したり，「春」の横線が2本になったり4本になったりします。これは，似ている形の違いが見分けられない，ねじれたり曲がったりしている線分の向きを取り違える，混み合った複雑な線の数や長さのような細部がとらえられない，といったことから起こると考えられます。このような子どもに対しては，線分の違いを見分けたり，向きを理解したり，細部をとらえたりしやすいような特別な教材・教具の工夫をするとともに，視覚認知の弱さを補う多感覚を活用した支援が有効になります。例えば，指を使って大きな画面に文字を書くと，指という触覚，腕という筋感覚が活用され，小さなノートに書くよりも書きやすくなります。さらに，絵描き歌のように書き順を声に出して唱えれば，もっと書くことが容易になります。このようなスキルを身につけることで，視覚認知の弱さを補うのです。

　記憶はさらにむずかしい問題ですが，記憶することを「頭の引き出しにしまうこと」と例えば，楽に記憶できるようになるための工夫が見つかります。例えば，漢字を覚えることが苦手な子どもが，「品」は「口」が3つ，「森」は「木」が3つというように，構造が似ていることを覚え方の手がかりにしていた例があります。基本的なパーツとなる「口」や「木」などの基本漢字をまず覚え，次にこれらのパーツの組合せを累積的に記憶することによって，複雑な漢字を記憶し，それに意味も組み合わせて覚えていくのです。この子どもは，このような方法を自分自身で発見し，活用していたのです。

　どのような記憶の仕方が合っているかは，子どもの認知特性によって違います。一人一人の認知特性に合った記憶の方法を支援することが大切です。

　なお，認知特性のような子どもの内的な要因は，学習により劇的に改善するということはありません。そのため，①や②に困難のある子どもは，覚える量が増えて文字も複雑になる高学年になるほど，漢字の習得がむずかしくなります。そこで，書くことを補うツールとして，タブレット端末やパソコン，ICレコーダなどを将来活用することも，視野に入れておくことが大切になります。

　また，「視覚―運動協応」とは異なる認知特性の問題として，「不注意」の問題があります。例えば，「お」の点が抜ける，「行」の"ぎょうにんべん"が"にんべん"に置き換わるなど，細部を見落とす要因として，注意集中が困難なことが考えられます。必要な刺激に注意を集中させ，不必要な刺激は捨象することができなければ，正しく情報を取り入れることができません。このような子どもの場合，注意集中がしやすい環境をつくる支援も必要になります。

# 4 聞く・話すスキル

## ■「聞く・話す」のつまずき

　幼児期の子どもは自己中心性（自他が未分化なため，自分の視点や経験からのみ物事をとらえること）が高く，会話においても「話したい」という自分の気持ちが先行します。自分以外の他者の視点に立って物事をとらえることができない傾向は，小学校低学年でも依然として続いていきます。そこで，集団で学習するときに必要となる，聞く・話すという基本的なコミュニケーションのスキルを支援することが重要になります。

　低学年で身につけなくてはならない聞く・話す（コミュニケーション）スキルには，次のようなものがあります。まず，聞くことに関しては，先生の話をしっかりと聞く，声を出さず静かに友達の話を聞く，自分の意見と同じ（違う）ことやその訳を考えながら聞く，などのスキルが必要とされます。話すことに関しては，手をあげて（指名されたら）話す，（自分の言いたいことばかり言わず）順番を守って話す，時と場合に合わせた声の大きさで話す，主述を整えて相手にわかるように話す，言いたいことを整理し順序よく話す，自分の意見に理由を添えて話す，などが必要とされます。

## ■つまずきの背景と支援

　聴覚・言語認知のレベルには，①感覚レベル，②知覚レベル，③認知レベル，④意味・概念レベルがあるとされます。このうち，どのレベルに弱さがあるのかによって，つまずきのタイプが異なります。①の感覚レベルは，聴覚そのものの弱さ，聴覚的な注意の集中困難，②の知覚レベルは，音の聞き分けの弱さ，③の認知レベルは，聴覚認知・言語認知の弱さ，聴覚的短期記憶の弱さ，④の意味・概念レベルは，言語的知識，語彙力，言語概念等の弱さなどとして現れると考えられます。

　④の言語的知識は，「豊かな経験」を通して獲得されます。基本的に幼児期から小学校低学年の子どもたちは経験を通して学ぶものですが，言語的知識の弱い子どもたちには特に意識して経験を積ませ，体験と言葉を関連づけながら，生活の中で体験的に言葉を理解させることが効果的です。ある小学生のお母さんは，子どもをどこにでも連れて行き，たくさんの人や物とのかかわりを経験させて言葉を教えたという話をされていました。そのお母さんの決意と行動力には，深い感銘を覚えました。

　また，語彙力や言語的概念を習得するには，「言葉を使って考える」習慣を身につけることも重要です。話し言葉は，他者とのコミュニケーションの道具であるばかりでなく，書き言葉の基本となり，考える力の元となります。子どもの話にじっくりと耳を傾け，話そうとする子どもの気持ちを受けとめながら，子どもの話の中身を整理したり，方向づけをしたり，

正しい表現に言いかえたりして，言語表現力を高める支援を意識的に行っていきます。毎日のこうした働きかけを通して，子どもたちは言葉の感覚を身につけ，語彙力や言語概念を獲得していくのです。街の中では，携帯電話に夢中で，子どもが話しかけていることに気づかないお母さんを見かけることがありますが，そのような光景に出合うと，子どもがそばで何かを発信していることに気づいて，会話を楽しんでほしいと願います。

③の聴覚認知や言語的な認知力，聴覚的短期記憶の力は，授業などの集団学習場面の中でも身についていくものですが，これらに弱さがある場合には特別な指導が必要となります。通級指導教室の利用等，必要に応じて早期にトレーニングを行うことで効果が期待できます。

また，構音障害や吃音がある，幼児音が抜けないなど，発音のおかしさが目立つ子どもの場合，①の感覚レベルや②の知覚レベルの問題も懸念されるので，言語障害通級指導教室等の専門的な指導が必要です。発音のおかしさは，聞こえの弱さによる場合もあります。その場合，難聴通級指導教室の利用等が必要となります。いずれにしても，早めに学級担任と相談し，低学年のうちに改善に向けた指導をすべきだと思います。

---

**通級指導教室** Column

　小・中学校の通常の学級に在籍していて，特別な支援ニーズのある子どもを対象とし，平成5年（1993年）に通級による指導が制度化されました。認知・情緒面の課題やソーシャルスキルの問題のほか，構音や吃音などの発音の問題や言語発達の問題，難聴，弱視などを対象とする教室があり，子どもたちの特性に応じた指導が行われています。さらに，平成18年度（2006年）から，LD（学習障害）およびADHD（注意欠陥多動性障害）が新たに通級の対象に加わり，学習面の課題に対する支援に関しても制度的な裏付けが行われました。

　通級指導教室を利用する子どもたちの数はここ数年で急激に増加し，平成21年では全国で54,021人，制度化以来4.4倍になっています（小・中学校合計数，文部科学省学校基本調査）。また，LD（やADHD）が対象とされた平成18年度と平成21年度を比較すると，LDは3.5倍となっています。

# 5 計算（数概念）スキル

## ■計算のつまずき

　低学年のある学級を参観したときのことです。子どもたちは，一斉に配布されたプリントを前に，懸命に計算問題に取り組んでいました。だれもおしゃべりする子どもはいません。1列10問の計算問題が10列，隙間なく並んだ計算問題を時間内に終わらせなくてはならないからです。けれども，一人だけ，鉛筆をもてあそびながらぼんやり空を見ている子どもがいました。訳を聞くと，「全部できないから，やらない」と言うのです。

　何とかやる気を起こしてもらう手立てはないかと考え，思いついたのは，計算問題が10問ずつ見えるようにプリントをじゃばらに折り，その子の前に提示してみることでした。その子はしばらく眺めていましたが，やがて鉛筆を持ち直し，1問ずつ解き始めました。1列終了したので，赤ペンで○をつけ，「できるじゃないの！」と声をかけると，少しほっとしたような表情が見えました。そこで，次の列10問をまた提示すると，その子はまた解き始めました。こうして，最終的には，100問をすべて終えることができました。

　この子どもの場合，問題数を減らし，「（問題を）解く―（正解したら）ほめる」というように，ステップを区切ってそのサイクルを繰り返すことで課題が達成できたことから，計算そのものがまったくできないというわけではないようです。では，計算が苦手な認知的要因はどのようなものなのでしょう。

## ■つまずきの背景と支援

　①数処理の苦手さが基本としてあり，その背景に，②前提となる数概念の獲得が遅れていることが推察できます。また，さきほどの子どもの場合，情報量を少なくすると処理が進んだことから，③情報を一時的に記憶しながら操作するためのワーキングメモリーが弱い，④注意の集中を継続させることが弱いなど，いくつかの仮説が立てられます。

　③④に関しては，課題提示の仕方を工夫することが有効です。情報量の操作や達成目標の視覚化を行う，取り組みのための時間設定を緩やかなものに変更する，系列的な数処理の弱さを補うための視覚的手がかりを提示するなどの工夫を教師が行うと同時に，学習に取り組む際のスキルとして子どもへ支援していきます。

　いっぽう①②の認知的メカニズムを説明するための有効なモデルは，いまのところ見あたりません。しかし，数処理の認知的基盤である数概念がどのように獲得されるかということに関しては，幼児期の認知発達に関する多くの研究から明らかにされています。

　まず算数学習に関するレディネスとして，「インフォーマルな数概念」の重要性が指摘されています。インフォーマルな数概念とは，幼児が生活経験を通して自然に身につける数概

念のことで，計数のスキル，比較のスキル，数えたしのスキルなどの要素が含まれます。インフォーマルな概念が獲得されると，「心的数直線」が形成されます。心的数直線とは，心的な表象（直観的に心に浮かぶイメージ）としての数をとらえる枠組みで，初期の数処理を学ぶために必要な概念構造です。もし，就学前に心的数直線が獲得されていなければ，入学後の算数学習にはつまずきが生じます。

　心的数直線の形成を助けるには，イメージを媒介とするようなゲームによる学習が有効です。例えば，「クッキーモンスター・ゲーム」。クッキーの大好きなクッキーモンスターの人形を用意し，減ったり増えたりするクッキーを数えながら，順方向・逆方向の計数，一対一対応，数の大小比較，簡単な計算（数直線上で1ずつ左右に移動する計算）について，学習していきます。計算スキルが定着しにくい子どもの場合，このような学習を教科学習と並行して行う必要があるかもしれません。

　最近の神経心理学的研究では，計算と脳機能との関係が少しずつ明らかにされているようです。また，計算と数処理という，異なる2つのメカニズムを想定した算数の認知モデルが提示されています。

## ■算数でつまずきやすいポイントと支援の留意点

　算数の授業分析をして，授業の流れと子どもの思考の流れの2つの軸を対応させてみると，多くの子どもたちが共通してつまずくポイントがあること，子どもの思考パターンには多様性があることがわかります。

　小学校低学年で学習する四則計算は，たし算とかけ算が基本となります。ひき算はたし算の逆算，わり算はかけ算の逆算と考えられます。1年生では，1位数（1桁の数）どうしのたし算，ひき算を学習し，2年生になると繰り上がり（下がり）の仕組み，さらに，かけ算九九が導入されて，整数（1，2，3…という自然数に0を合わせた数）の計算の基礎が習得されます。

　この段階で，すでに繰り上がり（下がり）やかけ算九九の習得がむずかしい子どもがいます。全般的な学習に遅れがなく，算数だけ特に理解が進まない，といった子どもの多くは，1年生の終盤から2年生の始めの時期に，その兆候があらわれ始めます。そして，中学年以降，整数，小数，分数と学習が進むにつれて，学習の積み重ねができず，授業についていけなくなってしまうことが多いのです。ですから，高学年になって算数全般に苦手意識をもってしまう前に，低学年のうちに計算スキルが身につきにくい子どもを発見し支援することが大切です。

　また，支援を行う際には，子どもがどのような課題解決方略を用いて学習を進めているのか，という点をとらえることが重要です。例えば，「14－8」という計算には，図6に示したような4つの解き方が考えられますが，子どもによってどの方法で解いているか違いがあります。そこで，まず現在の子どもの課題解決方略に則って学習を進め，しだいに，より効率的で洗練された課題解決方略を理解するように導いていくことが必要です。

> $14-8=6$
>
> ① **数えひき**：数直線のイメージを活用
>   14から1取って13, 12, 11, ……と数詞を唱えながら8を引いた結果が「6」
>
> ② **減加法**：十進法の仕組みを理解（筆算の手続き）
>   14を10と4に分解 →10−8＝2, 2＋4＝6
>
> ③ **減々法**：やさしいひき算に変換（既有知識の活用）
>   8を4と4に分解 →14−4−4＝6
>
> ④ **補加法**：たし算の数えたしをひき算に応用
>   8から順に, 9, 10, 11, 12, 13, 14, と数詞を唱え, 折った指の数が「6」

図6　ひき算「14−8」の方略

# 6 問題解決のスキル

## ■問題解決のつまずき

　ここでいう問題解決のスキルは，子どもの自律的な学習を支えるのに必要なスキルです。学ぶことに意味や目的を感じ，学習に主体的に取り組み，目標を設定し，学習過程を自律的にコントロールし，将来の自立に向かって自己を高めようとする，一連の学びのために必要なスキルです。読む，書く，聞く・話す，計算するといった個々の学習のスキルに対して，問題解決のスキルは，学習・生活全体を高めるためのスキルといえるでしょう。

　低学年の子どもたちに必要とされる問題解決のスキルをあげると，学習用具や教材の準備，机の上や中の整理整頓，教科書の扱い方，ノートや筆記用具の使い方，宿題や提出物の提出，連絡帳の扱い方等々，数えられないほどあります。これらにつまずきがあると，学年が上がるにつれ，学習が円滑に進まなくなります。低学年のうちにこれらのスキルを身につけ，より効率的で効果的な学習ができるように支えていく必要があります。

## ■つまずきの背景と支援

　学習を進めるうえで，自分で目標を設定し，それに向かって効率的・効果的な方略を選択し，計画を立てて，実行することが必要とされます。さらに，そのプロセスをモニタリングし，必要ならば計画を修正することも必要です。そのサイクルを繰り返すことによって，最終目標が達成されます。

　このようなプロセスにおいて，重要ないくつかの認知機能──注意，プランニング，方略，モニタリング──について説明してみましょう。

　「注意」には，①複数の情報の中から必要な情報だけに注意を向け，不必要な情報を無視する，②自分の注意をうまく配分し，必要な注意を最後まで持続させる，という2つの側面があります。

　①に関して，「好きなことには集中するのですが…」という言葉を教師や保護者から聞くことがありますが，学習場面では「好きなこと」だけではなく，「すべきこと」に注意を向けなければなりません。廊下で物音がしても，隣の教室から音楽が聞こえても，不要な刺激には反応せず，教師の話に注意を集中させる必要があるのです。②に関しては，ワーキングメモリーの機能が弱い子どもでは，複数の方向に注意を配分して最後まで持続させることは，むずかしいことかもしれません。例えば，音読場面では，文字を目で追いながら（視覚入力），声に出して読み（文字─音対応・言語出力），脳内で意味を理解しながら（心内辞書），文脈を追う（トップダウン），という並列的な情報処理が必要となります。しかし，人の注意の容量には限界があるため，視覚入力や「文字─音」対応の部分をできるだけ自動化し（第

第2章 こんなスタディスキルを育てたい

1章参照），情報処理にかかる負担を軽減しなければ，意味理解にまで至りません。視覚処理や「文字―音」対応の自動化が図られず，意味理解に注意が配分されない状態では，「読んでいるけれど内容はさっぱり……」という状況になるのです。

「プランニング」は，目標を設定し，目標に向かうための手段や方法を選択し，計画を立てることをいいます。プランニングの力は発達に伴って変化します。ピアジェ理論によれば，小学校低学年（7～9歳）は，時間と空間の系列化が可能になる時期にあたります。つまり，低学年の子どもは筋道を立てて物事を考え，次に起りそう出来事を予想し，できるだけ効率的で効果的なやり方や手順で，目標に向かって課題解決が進むようにプランニングができるようになりつつあり，スキルの学習には最適な時期にあるといえます。

「方略」（ストラテジー）とは，知識や経験をもとに自分なりに得た，問題解決のための論理や規則の集合体です。プランニングの過程では，問題の内容や構造に対し，どのような方略が適切かつ効率的かを，常に判断し，決定しています。

最後に「モニタリング」は，現在の状態や方略を目標に照らしてチェック・評価し，適切でなければ新たにプランニングを行い，方略を修正していくという認知機能です。「振り返りと自己評価」と言いかえられるかもしれません。指導者は適時・適切な情報のフィードバックを与えることで，子どもが問題解決のプロセスをモニタリングできるようにすることが大切です。

目標設定，プランニング，方略の選択・構成，モニタリングといった認知機能は，「メタ認知」と呼ばれ，自律的な問題解決のために，低学年のうちから子どもたちに身につけさせなければならない重要なスキルです（図7参照）。

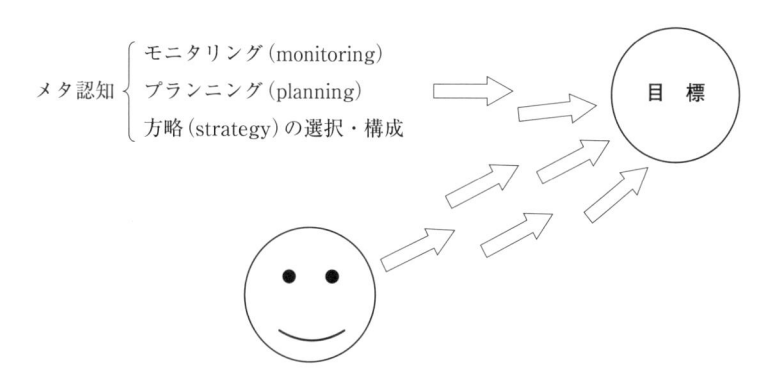

図7　自律的な問題解決のスキル

# 3章 学校が楽しくなるスタディスキル

第3章では，学校生活や授業の中でできるスタディスキルの支援を取り上げます。「ワンポイントアドバイス」には，家庭でできることをまとめました。子どもと一緒に楽しみながらスキルを育てていきましょう。

# 1 先生の話を聞く

〔吹き出し〕一生懸命聞いていたけど，わからないの……

　ある先生は，子どもたちの注意を喚起するために「一生懸命聞いていたらわかるからね」と前置きをして授業を始めました。多くの子どもたちが姿勢を正して先生に集中するなか，頬杖をつきながらずっと話を聞いている女の子がいました。女の子は，授業の後に先生のところへやって来て，「一生懸命聞いていたけれど，わからないの」とつぶやきました。

　子どもにとって，40人という集団の中で「聞く」「質問する」ということは，大人が思う以上にむずかしいことです。一生懸命聞いているからこそ，姿勢にまで注意が回らず，頬杖をついてしまったり足がぶらぶらしてしまったりする子どももいます。しかし，姿勢が悪い子どもは「聞く態度ができていない」と思われてしまい，本当は学習の内容がわからなくて困っていることを教師が見逃してしまうことがあります。

## ☑チェックリスト

**子どもは，どんなことに困っているのでしょうか？**
- (　) 聞いているうちに姿勢がくずれてしまう
- (　) 周りの音が気になる
- (　) 気がついたことをすぐ言いたくなる
- (　) 話の要点がわからない
- (　) 何を質問したらよいかがわからない
- (　) 質問のタイミングがわからない
- (　) 聞きたいけれど，恥ずかしくて聞けない

**学習指導要領との関連**　国語　第1学年及び第2学年

〔2　内容〕A　話すこと・聞くこと
（1）エ　大事なことを落とさないようにしながら，興味をもって聞くこと。
　　　オ　互いの話を集中して聞き，話題に沿って話し合うこと。

第3章　学校が楽しくなるスタディスキル

## 1　「ちゃんと聞く」ってどういうこと？

**身につけたいスキル**
- ◆いすに深く腰掛ける
- ◆話し手の方を見る
- ◆話が終わるまで，黙っている

**ワンポイントアドバイス**
大人が上手な聞き方のモデルになりましょう。子どもの話を聞くときに，頷いたり，首をかしげたりする仕草を示します。もちろん，子どもの話を最後まで聞くことも大切ですね。

**教師の支援**
- ●学級全体で「聞き方」のルールを共有しておく

> ○年○組　上手な話の聞き方
> ・「3,2,1」の合図で話をやめる。
> ・話しているあいての方を見る。
> ・さいごまでさえぎらずに聞く。

〈留意点〉
★聞き方のルールは，話すときの安心感にもつながる。
★姿勢が崩れていても話を聞いている子どもがいることを理解し，ある程度の姿勢の悪さは許容する。

## 2　先生の話を聞こう

**身につけたいスキル**
- ◆先生の声がしたら注目する
- ◆何の話か，大事なことは何か，考えながら聞く

**教師の支援**
- ●話題や要点を意識させる
  - ・「大事なことを3つ言います。1つずつ指を折りながら聞きましょう」
  - ・「これから1分間，遠足について，話をしますよ」
- ●話すだけでなく，視覚的な手がかりも使う
  - ・「キーワード」を黒板に大きく書いておく。
  - ・「具体物」「写真」「絵」などを見せて注意を喚起する。

〈留意点〉
★子どもが聞きやすい話し方を工夫する。
「要点を簡潔に」「声の抑揚」「声の大きさ」など

## 3　質問はいつしたらいいの？

**身につけたいスキル**
- ◆聞き逃したこと，よくわからなかったことは，あとから質問する
- ◆指名をされてから発言する

**教師の支援**
- ●質問してよいタイミングを最初に知らせておく
  - ・「話を聞き終わったら，質問してください」
  - ・「名前を呼ばれたら，質問してください」
- ●質問するときの話型を決めておく
  - ・「○○は，▲▲ということですか？」
  - ・「もう一度言ってください」

〈留意点〉
★適切に質問できたら，みんなの前でほめる。
★質問の仕方をロールプレイで練習するのも効果的。
★指名されないうちに話し出したときは，ルールを再確認する。

# 2　一日の見通しをもつ

> 今日は，何時間まで？
> 集団下校だっけ？
> あれ？？？

　一日の生活に見通しをもてるようになると，学習の準備ができるようになります。また，活動のエネルギーも自分なりに配分することができるようになるので，午後の活動を楽しみに午前中の苦手な学習をがんばる，などということもできるようになります。このように，見通しをもつということは，学習意欲に結びついています。

　あらかじめ一日の流れを知っておくと楽しくすごせること，ちょっと不安なことは事前に確認しておくとよいことを，スキルとして身につけることが大事ですね。

---

**☑チェックリスト**

子どもは，どんなことに困っているのでしょうか？
(　　)　その日の時間割がわからない
(　　)　授業に必要なものがわからない
(　　)　学習の場所がわからない
(　　)　活動するグループがわからない
(　　)　活動内容がわからない
(　　)　わからないときに，どう対処したらいいかわからない

---

**学習指導要領との関連**　　特別活動〔学級活動〕

〔共通事項〕（1）学級や学校の生活づくり
　　　　　　　ア　学級や学校における生活上の諸問題の解決
　　　　　　　イ　学級内の組織づくりや仕事の分担処理
　　　　　（2）日常の生活や学習への適応及び健康安全
　　　　　　　ア　希望や目標をもって生きる態度の形成
　　　　　　　イ　基本的な生活習慣の形成
　　　　　　　ウ　望ましい人間関係の形成
　　　　　　　エ　清掃などの当番活動等の役割と働くことの意義の理解

第3章　学校が楽しくなるスタディスキル

## 1　学習道具はそろっているかな？　（p.108　持ち物を整理整頓するも参照）

**身につけたいスキル**
◆今日使うものがそろっているかを確認する
◆持ち物を整理整頓してしまう

**ワンポイントアドバイス**
自分で持ち物の確認ができるように，「朝のしたくチェック表」等を作ってみるのもいいですね。

**教師の支援**
●朝の会で，持ち物の確認をする
・朝の会の流れを掲示したり，手持ち用のカードにしておく。
・学習に必要なものを，1つずつ確認する。
・しまう場所を確認して，整理整頓してしまう。

①あいさつ
②日にち
③よてい
④もちものかくにん

〈留意点〉
★楽しく安心して一日が始められるような会にする。
★大事なことを簡潔に伝え，短い時間で終わらせる。

## 2　次の授業はどこで何をやるのかな？　（p.106　メモをとるも参照）

**身につけたいスキル**
◆朝のうちに，一日の時間割と活動場所を確認しておく

**ワンポイントアドバイス**
その日の予定が書いてある連絡帳のページをすぐ開けるように，クリップで留めたり，しおりを挟んだりして，工夫してみましょう。

**教師の支援**
●朝の会で，その日の予定を確認する
・連絡帳を見ながら，「何を」「いつ」「どこで」「どんな方法で」「どんな内容を」学習するか等を説明する。
・天候等で直前に活動内容が変わりそうな授業については，変更の可能性をあらかじめ伝えておく。
・学習の邪魔にならない場所に予定表を提示しておく。
●予定変更があるときは，ていねいに説明をする
・教科の変更なのか，活動場所の変更なのか，具体的に説明する。
・予定変更が受け入れられない子どものために，意図的に変更に慣れる機会をつくってみる。

変更OK

〈留意点〉
★子どもにとって苦手な活動のあるときには，楽しみな予定とあわせて発信すると，安心できる。
（例）「4時間目はプールです。給食はデザート付きです」

## 3　もしも時間割や授業の場所がわからなくなったら？

**身につけたいスキル**
◆予定表を見たり，だれかに聞いたりする

**ワンポイントアドバイス**
家の中でも，質問ごっこをしてみましょう。自信がつきます！

**教師の支援**
●複数の対処方法を具体的に用意しておく
・予定表を教室に掲示しておく。
・連絡帳を見て確かめる方法を教える。
・先生や友達への尋ね方を決めておく。
「次の時間は何ですか？」
「今日の体育はどこでやりますか？」

# 3 「きょうのめあて」をもつ

> 「〜はしません」って
> めあてを立てたけど……。
> もし，しちゃったら，
> どうするの？

　学校では，「○年生の目標（めあて）」「前期のめあて」「国語のめあて」「クラスのめあて」など，いろいろなめあてを立てます。行動目標を立てるだけで，意欲が向上したり，行動が調整しやすくなったりすると大人は考えがちです。しかし，子どもたちがめあてを達成するためには，ステップを踏んで，少しずつゴールに近づけるような働きかけが重要です。そうでないと，めあてを立てただけ……ということになりがちです。

　また，一日のめあては，その日のうちに振り返りをして，上手に活用したいもの。より具体的にポジティブに！　今日のエネルギーになるようにしたいですね。

## ☑チェックリスト

**子どもは，どんなことに困っているのでしょうか？**

- （　）何をめあてにしていいかわからない
- （　）何がめあてだったのか，忘れてしまう
- （　）ずっと同じめあてで，あきてしまった
- （　）ずっとめあてが達成できない
- （　）どうなると達成なのかが，わからない
- （　）がんばっても，認められない

### 学習指導要領との関連　　特別活動〔学級活動〕

〔共通事項〕（1）学級や学校の生活づくり
　　　　　ア　学級や学校における生活上の諸問題の解決
　　　　　イ　学級内の組織づくりや仕事の分担処理
　　　（2）日常の生活や学習への適応及び健康安全
　　　　　ア　希望や目標をもって生きる態度の形成
　　　　　イ　基本的な生活習慣の形成
　　　　　カ　心身ともに健康で安全な生活態度の形成

第3章　学校が楽しくなるスタディスキル

## 1　めあてをもって一日をすごそう

### 身につけたいスキル
◆今日のめあてを決める
◆めあてを意識して生活する

**ワンポイントアドバイス**
　家でも，明日のめあてを考えてみましょう。考えためあては，連絡帳の予定欄に書いておくと自分で確かめができます。
　同じめあてを毎日続けないことも意欲につながります。

### 教師の支援
●最初は，教師がめあてを複数例示して，そこから選ばせる
　（例）落ち着きのないAちゃんの場合
　　　・元気に外で遊ぶ　・友達のいいところを1つ見つける
　（例）おとなしいBちゃんの場合
　　　・机の中をきれいにする　・1日1回は手をあげる
〈留意点〉
★「現在守れているめあて」と「少しがんばれば達成するめあて」を組み合わせて，ちょうどよいめあてを例示する。
●徐々に自分でめあてを立てられるようにする
　ステップ1：選択肢から選ぶ。
　ステップ2：友達のめあてを聞いて考える。
　ステップ3：自分で考える。

## 2　めあてが守れたかな？

### 身につけたいスキル
◆一日の最後に振り返りをする
◆他者からの評価を受け入れる

**ワンポイントアドバイス**
　「他者のいいところ見つけ」のモデルになりましょう。

### 教師の支援
●めあての評価をする時間を設ける
　・帰りの会でまとめて1日の評価をするだけでなく，場面に応じてこまめにがんばったことを評価する。
●学級で「いいところ見つけ」を行う
　・ほめ言葉をたくさん例示しておく。
　　「いいね・すごい・がんばった・OK・素敵」
　・他者のいいところを見つけられた人も評価する。
●認められるとうれしいことを体験させる
　・ほめられたことがわかりやすいように具体的に伝える。
　・ほめられた人には，学級全員で拍手をする。
　・連絡帳に花丸をつける，プリントにシールを貼るなど，評価されたことが視覚的に残るようにする。

## 3　自分で一日の振り返りをしよう

### 身につけたいスキル
◆自分の頑張ったところを，自分で見つける

**ワンポイントアドバイス**
　達成率100%だけを「できた」とせずに，努力の過程が大事なことであると伝えましょう。

### 教師の支援
●視覚的な指標を活用する
　・「◎・○・△」「4・3・2・1点」などの指標を提示して，少しでもがんばった部分を見つけられるようにする。
　・評価の結果を，次のめあてにつなげられるよう励ます。
〈留意点〉
★子どもが振り返りを言語化できないときは，教師が代弁したり，他者評価とリンクさせたりする。

# 4　朝の会の司会をする

　日直になると，朝の会等の進行をします。いつもは元気よく友達とやりとりをしたり遊んだりできる子どもでも，みんなの前に立って号令をかけたり予定を伝えたりするのは，大変緊張することです。2人組で日直をする学級が多いようですが，ペアの相手と歩調を合わせることも，大人が思っている以上にむずかしいと感じる子どもがいます。「ちゃんと，やってよ」などと相手から言われたら，緊張感がなおさら高まってしまいます。安心して役割を果たせるためには，どうしたらいいか考えましょう。

## ☑チェックリスト

子どもは，どんなことに困っているのでしょうか？

- (　) 日直だとわからずに，あわててしまった
- (　) 朝の会や帰りの会の司会の手順がわからない
- (　) みんなが聞いてくれない
- (　) 相手と号令のタイミングが合わない
- (　) みんながどう思うかが気になる

**学習指導要領との関連**　　特別活動〔学級活動〕

〔共通事項〕(1) 学級や学校の生活づくり
　　　　　　イ　学級内の組織づくりや仕事の分担処理
　　　　　(2) 日常の生活や学習への適応及び健康安全
　　　　　　イ　基本的な生活習慣の形成
　　　　　　ウ　望ましい人間関係の形成
　　　　　　エ　清掃などの当番活動等の役割と働くことの意義の理解

第3章　学校が楽しくなるスタディスキル

## 1　日直はいつ？

### 身につけたいスキル
◆自分の当番がわかる

### 教師の支援
●いつだれが当番かを，わかりやすく示す
・順番を掲示しておく。
・帰りの会で，翌日の日直の名前を呼ぶ。
・その日の日直から翌日の日直へ，日直の当番カードや名札を手渡してバトンタッチする。
●自分から気づけるように，「明日の日直はだれですか？」と発信する

## 2　朝の会の司会をしよう

### 身につけたいスキル
◆司会用の手順表を使う
◆みんなに聞こえるように話す

**ワンポイントアドバイス**
手順表が使えると，朝のしたく等にも役立ちます。生活習慣を定着させるために，家でも手順表を使ってみましょう。

①かおをあらう
②ごはん
③はみがき
④きがえ

### 教師の支援
●司会用の「手順表」を用意しておく

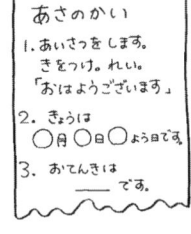

〈留意点〉
★手持ち用と掲示用を両方用意するとよい。

●人前で話すのが苦手な子には，段階を追って司会の練習をさせていく
①みんなの前に立つことに慣れる。
②みんなの方を向いて，聞こえるように話す。
③教師と一緒に司会をする。
④友達と号令の役割分担をする。
　Aさん「きをつけ」／Bさん「礼」

〈留意点〉
★日直に注目して話を聞くように教師が声をかける。

## 3　困ったことが起きたら？

### 身につけたいスキル
◆どうしたらいいかわからないときは，先生の所に行く
◆してほしいことは，相手に言葉で伝える

### 教師の支援
●助けを求めるときの話型を決めておく
・「先生，できません」
・「○○がありません」
・「○○さん，代わりに言ってください」

〈留意点〉
★手持ちの手順表の中に，ＳＯＳの言い方を記載しておく。

# 5 ショートスピーチをする

＜吹き出し＞スピーチメモがあれば話すことを忘れないよ

　朝の会などで，1分間スピーチをする学級があります。「何でもいいから，話してみよう」と言っても，話をするのが苦手な子どもは，なかなか話せるものではありません。そこで，スピーチメモを作ってみましょう。

　順序よく話せなかったり，大事なことが抜けてしまったりすることで困っている子どもはたくさんいます。スピーチメモで，どんな順序で話せばいいのか，どんな内容を入れると伝わりやすくなるのかがわかると，考えていることもまとまってきます。その結果，スピーチもスムーズになり，自信がつきます。自信がつくと，スピーチはどんどんうまくなります。

## ☑チェックリスト

子どもは，どんなことに困っているのでしょうか？
- (　) 話題を決めることができない
- (　) 話そうと思うと，言葉が出てこない
- (　) 順序よく話せない
- (　) 話をしているうちに，言いたいことが変わってしまう
- (　) 話をしているうちに，言いたいことがわからなくなってしまう

---

**学習指導要領との関連**　国語　第1学年及び第2学年

〔2　内容〕A　話すこと・聞くこと
（1）ア　身近なことや経験したことなどから話題を決め，必要な事柄を思い出すこと。
　　　イ　相手に応じて，話す事柄を順序立て，丁寧な言葉と普通の言葉との違いに気を付けて話すこと。
B　書くこと
（2）エ　紹介したいことをメモにまとめたり，文章に書いたりすること。

第3章　学校が楽しくなるスタディスキル

## 1　何を話せばいいのかな？

### 身につけたいスキル
◆話のテーマを選ぶ
◆テーマに即して，「いつ」「どこで」など，要素を一つ一つ集めていく

**ワンポイントアドバイス**
家庭で話をするときも，「いつのこと？」など，足りない情報について尋ねてみましょう。子どもの話が終わったら，その内容を順序よく並べ替えて，まとまった文章でフィードバックしてあげるといいですね。

### 教師の支援
● 『テーマ』が決められないときは……
　・教師が話題を提示する。
　・家庭と連絡をとって，話題をしぼり込む。
●インタビュー形式で，少しずつ内容を増やしていく
　何をしたの？　→「なわとびをしました」
　いつ？　→「きのう，なわとびをしました」
　どこで？　→「きのう，公園で，なわとびをしました」
　だれと？　→「きのう，公園で，はなちゃんとなわとび
　　　　　　　をしました」

〈留意点〉
★『話のテーマ』をいつも意識させる。話がそれたときは，話題に引き戻すように支援する。

## 2　ショートスピーチをしよう

### 身につけたいスキル
◆スピーチメモを使って，作文する
◆スピーチメモを見ながら，順序よく話す

**ワンポイントアドバイス**
順番メモの手がかりを減らして，「い・ど・だ・な・思」などとパターン化して覚えると，作文にも使えます。

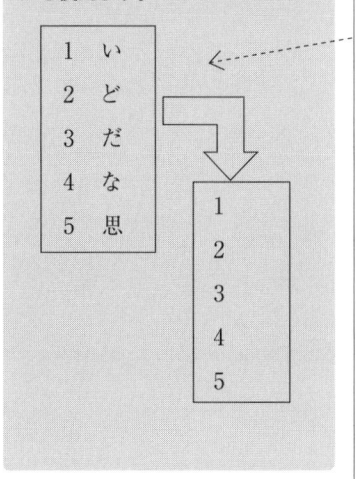

```
1　い
2　ど
3　だ
4　な
5　思
```
→
```
1
2
3
4
5
```

### 教師の支援
●いろいろなスピーチメモを活用する

・穴埋めメモ
```
きのうの夕ごはんは，
（　　　）と（　　　）でした。
みそしるには，（　　　）が入っていました。
（　　　　　）がおいしかったです。
```

・順番メモ
```
1　いつ
2　どこで
3　だれと
4　なにをした
5　思ったこと
　ア　楽しかった
　イ　もう一度やりたい
　ウ　○○さんにおしえたい
```

・キーワードメモ
```
夕ごはん
　ハンバーグ　サラダ
　わかめのみそしる
　おいしくておかわり◎
```

〈留意点〉
★初めは感想（思ったこと）についても，表現のパターンを教える。あとでパターンを入れ替えていくことで，語彙の拡大につなげる。

# 6　いろいろな言葉で表現する

> えーっと，えーっと，だから……

　話そうとしても，いつも決まった言い方しかできないことで自信をなくしている子どもがいます。自信がないと，ほんのささいなことを話すだけでも，みんなから笑われているように感じてしまいます。

　「しりとり」や「なぞなぞ」等，言語活動につながる遊びは昔からたくさんありますが，言葉遊びは語彙量を増やすためにとても大切です。気持ちを伝えたり，説明をしたりするための語彙を増やすことも，コミュニケーション能力の向上につながります。

## ☑チェックリスト

**子どもは，どんなことに困っているのでしょうか？**

- (　) 話そうと思うと，言葉が出てこない
- (　) 言い方がわからないから，他の話になってしまう
- (　) 気持ちを表すことがむずかしい
- (　) 急に話しかけられると，返事ができない
- (　) 同じ返事しかできない
- (　) 会話が続かない

**学習指導要領との関連**　国語　第1学年及び第2学年

〔2　内容〕A　話すこと・聞くこと
（1）ア　身近なことや経験したことなどから話題を決め，必要な事柄を思い出すこと。
　　　イ　相手に応じて，話す事柄を順序立て，丁寧な言葉と普通の言葉との違いに気を付けて話すこと。

第3章　学校が楽しくなるスタディスキル

## 1　いろいろなものを言葉で表そう

### 身につけたいスキル

◆身近なものの言い方や，学校生活に必要な言葉が使える
◆いろいろなカテゴリーの言葉が使える

**ワンポイントアドバイス**
語彙を増やすのに，日常会話はとても大きな役割を果たします。短い時間でも，子どもとやりとりを楽しみましょう。

**ワンポイントアドバイス**
子どもが新しい言葉を使っていたら，その意味を聞いてみましょう。言葉を言葉で説明することが，理解を定着させます。

### 教師の支援

●「○○の言葉集め」で，語彙を増やしていく
　・教室にあるもの：ロッカー／模造紙／チョーク
　・給食のメニュー：けんちん汁／はっさく
　・学校の行事：朝礼／始業式／校外学習

〈留意点〉
★「形は違っても，どちらもつくえ」「形は似ているけど，こっちはスプーン，こっちはお玉」などカテゴリーも意識させる。

●いろいろな言葉遊びで表現させる
　・「あ」のつく言葉集め（頭文字の同じ言葉）
　・「ほかの言い方」見つけ（類義語）
　・連想クイズ（想像力を高める）
　・仲間集め（カテゴリー化）
　・スリーヒントゲーム（キーワードから単語をあてる）
　・ブラックBOXゲーム（手で触った感じを表現する）

〈留意点〉
★物の名前だけでなく，動作語／様子／擬態語・擬音語などを，特に取り上げていく。

●表現がワンパターンな子どもに，教師から質問する
　・「どんなふうに？」「それから？」などと言葉を促す。

〈留意点〉
★知らない言葉や意味のわからない言葉は，だれかに教えてもらったり調べたりさせる。

## 2　こんなとき，どう言えばいいのかな？

### 身につけたいスキル

◆会話のパターンやキーワードを身につける

**ワンポイントアドバイス**
大人が会話する様子も，子どものモデルになります。相づちや仕草など，積極的に用いましょう。
　・相手を見る
　・微笑む
　・頷く
　・「へぇ」「そうなんだ」などの合いの手　など

### 教師の支援

●ロールプレイでやりとりのパターンを練習する
　・何かを頼まれたときは，「いいです」「できません」など，返事をしてから理由を話す。
　・いちばん言いたいことや大事なことから話す。
　・相手の言葉に重なるように話し出さない。
　・話題を変えるときは，「話は変わりますが…」と断る。
　・途中から人の話に加わるときは，「ちょっといいですか？」と許可を求める。

〈留意点〉
★子どもが話しやすい雰囲気作りをする。
★声のトーンや仕草も，教師がモデルを示していく。

# 7 ひらがな・カタカナを読む

ひらがなやカタカナの読みでつまずく子どもたちがいます。また，一つ一つの文字は読めても，言葉のまとまりとして文字をとらえられず，意味が読み取れないこともあります。さらに，「がっこう」（濁音）を「かっこう」と読んでしまったり，「おうえん」（長音）や「きょう」（拗長音）が正しく読めなかったりすると，意味は何も伝わらなくなってしまいます。

音と文字の対応が複雑になると，読みにくさは高まります。文字を抜かしたり付け加えたりして読む「勝手読み」が起こるのも，このためです。

## ☑チェックリスト

子どもは，どんなことに困っているのでしょうか？

- (　) ひらがなが正しく読めない　　(　) カタカナが正しく読めない
- (　) 似ている字を読み間違える
- (　) 促音（「っ」）や拗音（「ゃ，ゅ，ょ」）を読み間違える
- (　) 文字の順序を読み間違えたり，混同したりする
  - （くるみ→みるく，にんげん→にんじん）
- (　) １文字１文字は読めるが，単語のまとまりとして読めない
- (　) 文字を抜かしたり，付け加えたりして読む
  - （マカロニサラダ→カニサラダ，きをつけて→きおをつけて）

### 学習指導要領との関連　国語　第１学年及び第２学年

〔２　内容〕C　読むこと
（１）読むことの能力を育てるため，次の事項について指導する。
　ア　語のまとまりや言葉の響きなどに気を付けて音読すること。
〔伝統的な言語文化と国語の特質に関する事項〕
（１）イ　言葉の特徴やきまりに関する事項
　　（イ）音節と文字との関係や，アクセントによる語の意味の違いなどに気付くこと。
　　（ウ）言葉には，意味による語句のまとまりがあることに気付くこと。

第3章　学校が楽しくなるスタディスキル

## 1　何ていう字？

### 身につけたいスキル
◆1文字1文字が読める

**ワンポイントアドバイス**
家にある身近なものを文字で表してみましょう。

### 教師の支援
●フラッシュカードやカルタで練習する
・ぬ と ね，は と ほ など，似ている文字を取り上げる。
●絵本や新聞を使って，濁音探しゲームをする
・濁音を見つけて丸で囲む。
・見つけた音を，知っている単語と関連づける。
（例）『ぎ』→「ぎんいろの『ぎ』」
●新聞の切り抜きを使ってゲームをする
・指示された文字を探して新聞から切り取り，それらの文字を組み合わせて言葉を作る。
・名探偵ごっこ：新聞からいくつかの文字を切り取って示し，何の単語になるかをあてっこする。

〈留意点〉
★グループで楽しく取り組めるように工夫する。

## 2　何ていう単語？

### 身につけたいスキル
◆単語の読み方と意味がわかる
◆単語をまとまりとして，とらえられる

**ワンポイントアドバイス**
おやつや食事のメニューを用意してみるのも，興味をもって読むことにつながります。

### 教師の支援
●まとまりとしてとらえるゲームをする
・単語のフラッシュカード
・あてっこゲーム（単語の一部分を隠す）
（例）り■ご　■さぎ　と■もろこ■
・真ん中に入る音で意味が違う単語探しゲーム
（例）うさぎ と うなぎ
・邪魔者探しゲーム
（例）ころあら→こあら（邪魔者は「ろ」）

〈留意点〉
★文字と一緒に，自分や相手の読む声もよく聞くようにうながす。

## 3　長い単語を読もう

### 身につけたいスキル
◆意味で分割して読む

### 教師の支援
●わかちがきにして提示したり，自分で区切らせる
（例）えんぴつけずり→　えんぴつ　けずり
　　　ぼうさいずきん→　ぼうさい／ずきん
●単語のたし算やひき算をする
（例）ようふく　＋　たんす　＝　ようふくだんす
　　　ノコギリクワガタ　－　クワガタ　＝　ノコギリ

〈留意点〉
★どこで分けると意味がわかりやすいか，いろいろ試させる。
★一度黙読してから声に出すなど，個に応じて工夫する。

# 8　文を読む

> たくさんの字が並んでいると読めないよ……

　長い文章を読んでいると，文字を追うことだけに集中してしまったり，文章のつながりがわからなくなったりして，内容を理解するまでに至らない子どもたちがいます。

　文章をすらすらと読めないと，他の教科の理解にも影響が及びます。まずは短い文章を，できれば話の流れがわかりやすい絵本などで読むことから練習しましょう。場面を想像することが必要な昔話などよりも，実際に経験したことのある身近な内容の説明文などのほうが，具体的で理解しやすいと思います。

　子どもに合わせて，読みやすい文字の大きさや，文の区切り方など，読みやすくするための工夫もできるといいですね。

### ☑チェックリスト

子どもは，どんなことに困っているのでしょうか？

- (　　)　単語をまとまりとして読めない
- (　　)　助詞「は」「を」「へ」などを読み間違える
- (　　)　接続詞（だから，しかし　など）を読み間違える
- (　　)　行を飛ばして読む
- (　　)　長くなると，読んでいる場所がわからなくなる
- (　　)　文字を追うことができても，文章の内容が理解できない

---

**学習指導要領との関連**　国語　第1学年及び第2学年

〔2　内容〕C　読むこと
（1）読むことの能力を育てるため，次の事項について指導する。
　ア　語のまとまりや言葉の響きなどに気を付けて音読すること。
　イ　時間的な順序や事柄の順序などを考えながら内容の大体を読むこと。

第3章　学校が楽しくなるスタディスキル

## 1　声に出して文を読もう

**身につけたいスキル**

◆つっかえずに文を読める

**ワンポイントアドバイス**
明朝体やゴシック体，教科書体などの文字の種類や行間，文字間なども読みやすさに影響します。子どもに合ったものを探してみましょう。

**教師の支援**

●読む前に
・文字の大きさや一度に提示する文の量を工夫する。
・初めに教師が範読をしっかりと聞かせる。
・イラストなどで文章の内容も理解させておく。

●読み方の工夫をする
・単語のあとなどにスラッシュを入れておく。
・読み飛ばしがないように，1文字ずつ指でたどらせ，しっかり発音させる。

●楽しく読む活動を日常的に取り入れる
・手紙を読んでビデオレターをつくる。
・アナウンサーごっこをして原稿を読む。
・興味がもてる文を読む（事典やメニューなどもよい）。
・言葉遊びの絵本を読む。
・カルタで読む役をする。

## 2　文を読んで行動しよう　　　　(p.83　宝探しゲームも参照)

**身につけたいスキル**

◆文の意味がわかる
◆助詞の違いがわかる

**教師の支援**

●指示をメモで渡し，読んだ内容を行動させる
・お手伝い係をさせる。
「△△先生に，算数のプリントを届けてください」
・いろいろな指示で，助詞の違いに気づかせる。
「10時半に先生の所に行く」
「10時半までに先生の所に行く」

## 3　読みやすくなる工夫をしよう

**身につけたいスキル**

◆自分に合ったツールを使って，文を読む

**ワンポイントアドバイス**
初めて読む文章では，あらすじを先に伝えておくと，読みやすくなります。

**ワンポイントアドバイス**
音読の宿題では，一文ごとに交互読みをしたり，登場人物の役割を決めて読んだり，楽しく工夫してみましょう。

**教師の支援**

●さまざまな方法を示して，自分が読みやすくなるものを探させる
・単語ごとにスラッシュを入れて分ける。
・文が1行ずつ見える枠を使う。
・定規を当てて読む。
・行間に罫線を引く。
・1行ごとにマーカーを引く。
・漢字にルビを振る。
・文字を拡大する。
・縦書きの文を横書きにする。

〈留意点〉
★ツールを用いると読みやすくなることを理解させる。

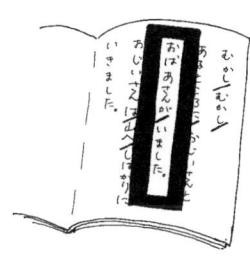

## 9　物語のあらすじをつかむ

「桃太郎」ってどんな話？

　本を読んで「どんなお話だった？」と尋ねると，書いてあった内容をすべて細かく話してくれる子どもや，反対に何を話していいかわからない子どもがいます。本の内容を一言で説明するには，何が書いてあったかを，大まかにとらえながら読むことが必要です。あらすじがつかめるようになると読書の楽しさが増し，さらに抽象的な内容をとらえる足がかりとなります。

　読んで面白かったなという思いをだれかに伝えたいときにも，出来事のあらすじを説明できると相手にもわかりやすく，コミュニケーションも広がります。

### ☑チェックリスト

子どもは，どんなことに困っているのでしょうか？
- (　)　本を最後まで読み通せない
- (　)　登場人物がわからない
- (　)　内容の順序がわからない
- (　)　話の移り変わりがつかめない
- (　)　読み聞かせをしてもらわないとわからない

**学習指導要領との関連**　国語　第1学年及び第2学年
〔2　内容〕C　読むこと
（1）読むことの能力を育てるため，次の事項について指導する。
　　イ　時間的な順序や事柄の順序などを考えながら内容の大体を読むこと。

第3章　学校が楽しくなるスタディスキル

## 1　物語を読もう

**身につけたいスキル**

◆登場人物と場面を押さえる

**教師の支援**

●読み聞かせの途中途中で，内容について質問する
- 「登場人物はだれですか」
- 「場所はどこですか」
- 「登場人物の中で，主人公はだれですか」
- 最後に，「▲▲（主人公）が～をした話だね」と，教師がまとめて伝える。

〈留意点〉
★内容がつかみやすく，短い物語を選ぶ。

## 2　どんな物語かな？

**身につけたいスキル**

◆物語の中の出来事をまとめる

**ワンポイントアドバイス**

読書記録カードをつけてみましょう。初めのうちは，大人と一緒に書いていくことで，だんだんとポイントが整理できるようになっていきます。枚数がたまることが励みにもなります。

**教師の支援**

●物語を読んで，あらすじのまとめ方を練習する
①登場人物を○で囲む（マーカーで色づけしてもよい）。
②「▲▲（主人公）が～をした話」とまとめる。
③まとめに，おまけをつけて詳しくする。
- シンデレラが結婚した話
- <u>かわいそうな</u>シンデレラが<u>王子様と</u>結婚した話
- <u>かわいそうな</u>シンデレラが<u>まほうつかいのおばあさんのおかげで</u>王子様と結婚して，<u>幸せになった</u>話

〈留意点〉
★「あらすじ」とは話の大まかな内容であることを確認する。
★この段階では，心情の読み取りは強調しない。
★翻訳された話は読みやすい場合が多い。
★昔話より，現代物のほうが理解しやすい。

## 3　みんなにも紹介しよう

**身につけたいスキル**

◆あらすじを人に伝える

**ワンポイントアドバイス**

子どもと同じ本を読んで，一緒に楽しみましょう。

**教師の支援**

●「好きな本の紹介タイム」を設定する
- 「この本は，▲▲が～した話です」と発表する。
- 質問タイムを設ける。わからなかったら本を見ながら答えても OK とする。

●「おすすめ本リスト」を配る
- 読んだ本のチェック欄やあらすじを書く欄を設ける。
- 自分で見つけた本を加えられる欄をつくる。

# 10 鉛筆で書く

「ね」とか「ぬ」とか，最後の丸く書くところがうまくいかないの……

　就学前にひらがなが書けるようになっている子どもが増えている一方，誤った書き方が身についてしまった子どもや，練習するなかで逆に苦手意識が育ち，文字学習に抵抗感をもってしまっている子どももみられます。

　「書く」ことはすべての学習につながっていきます。書字学習のスタートでは，うまく書くことを目的にするのではなく，子どもたちに「書ける」という自信をつけることを大切にしたいものです。書くことにつまずいている子どもには，見え方に課題はないか，練習の仕方が合っているかなど，うまくいかない原因をていねいに探りながら，一人一人に合った学習の仕方を身につけさせたいですね。

## ☑チェックリスト

子どもは，どんなことに困っているのでしょうか？
- (　) 正しく鉛筆が持てない
- (　) 文字の形の違いが見分けられない
- (　) 鏡文字になる
- (　) 文字の大きさや形がバラバラになる
- (　) 枠の中に書けない
- (　) 書くのに時間がかかる

**学習指導要領との関連**　国語　第1学年及び第2学年

〔伝統的な言語文化と国語の特質に関する事項〕
（2）ア　姿勢や筆記具の持ち方を正しくし，文字の形に注意しながら，丁寧に書くこと。
　　イ　点画の長短や方向，接し方や交わり方などに注意して，筆順に従って文字を正しく書くこと。

第3章　学校が楽しくなるスタディスキル

## 1　運筆の練習をしよう

### 身につけたいスキル

- ◆鉛筆を正しく持つ
- ◆鉛筆を持っていないほうの手で紙を押さえる
- ◆思ったとおりの線が書ける

#### ワンポイントアドバイス

子どもの好きなことと絡めて，書くことの楽しさを味わわせましょう。
（例）電車を走らせるための線路を書こう（平行な2本の線）

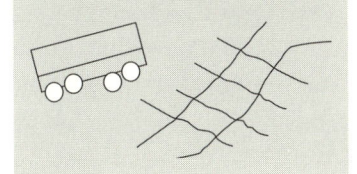

### 教師の支援

- ●使いやすい筆記用具から練習を始める
  - ・クレヨン
  - ・4B等の濃い目の鉛筆
  - ・マジック，サインペン
  - ・指で砂の上に線を描く（触覚を育てる工夫になる）。
- ●巧緻性を高める練習をする
  - ・自由になぐり書きをする。
  - ・点と点をつなぐ。
  - ・線をなぞる。
  - ・横線→縦線，直線→曲線　など
- ●スムーズに書くためのポイントをつかませる
  - ・手首をやわらかく使う。
  - ・線を引くときは，左から右へ，上から下へ書く。
  - ・書くときに紙のどこを見たらよいか確認する（始点・終点等）。

〈留意点〉
★書くことが苦手な子も，書いてみようという意欲をもてるように楽しく行う。

## 2　字を書こう

### 身につけたいスキル

- ◆手本をよく見る
- ◆間違えやすい部分に印をつける
- ◆書いたものを手本と比べる

#### ワンポイントアドバイス

いつでも身近に手本を置けるよう，苦手な文字だけをカードにする，五十音表を少しずつ小さくしていくなど，使いやすい工夫を子どもと一緒に考えてみてください。

### 教師の支援

- ●文字の形に注目する練習をする
  - ・フラッシュカードで見分ける。
  - ・同じ文字集めをする。
  - ・カルタ取りをする。
  - ・指定された文字を短い文章の中から探して丸をする。
- ●間違えやすい文字をチェックする
  - ・さ，く，き　←鏡文字になりやすい。
  - ・は，ほ　←突き出る・突き出ない。
- ●書き順の規則性を教える
  - ・基本的に，左から右，上から下へ書く。
  - ・「は」「ほ」「け」等は，左側の縦線から書く。

〈留意点〉
★イラスト入りのひらがなカードを，イラストを変えて複数セット作っておくと，言葉の学習が広がる。
★書き順を教えるときに，1画目から2画目につながる見えない線を意識させると，形をつかみやすい。

# 11 特殊音節など

> ぎ・ゆ・う・に・ゆ・う
> き・つ・て／き・つ・ね？

> りゅう？
> りゆう？
> わたしわおかあさんとおかねをかって いえにかえった。

　ひらがな・カタカナには，特殊音節と呼ばれる表記があり，正しい書き方を覚えるのは大変むずかしいことです。また，「〜へ」「〜を」などの助詞の使い方も間違えやすいものです。音と文字が規則的に対応していないため，自分では正しいと思って書いていても，間違えてしまいます。目で見て，耳で聞いて，この音はこの文字，と一致するまで繰り返し体験することが大切です。

### ☑チェックリスト

子どもは，どんなことに困っているのでしょうか？

( ) 長音が書けない 「おとうさん」→「おとさん」「おとおさん」
( ) 拗音が書けない 「きゅうしょく」→「きょうしゅく」「きゆうしく」
( ) 促音が書けない 「ばった」→「ばた」「ばつた」
( ) 撥音が書けない 「かんでんち」→「かあでえち」「かでち」
( ) 特殊音節が混ざると書けない 「ジェットコースター」→「ゲトコスタ」
( ) 助詞の「は」「へ」「を」を文章の中で正しく使えない
( ) 「〜は」「〜へ」と「わ」「え」の書き分けがむずかしい

**学習指導要領との関連** 国語　第1学年及び第2学年

〔2　内容〕〔伝統的な言語文化と国語の特質に関する事項〕
イ　言葉の特徴やきまりに関する事項
　(エ) 長音，拗音，促音，撥音などの表記ができ，助詞の「は」，「へ」及び「を」を文の中で正しく使うこと。

第3章　学校が楽しくなるスタディスキル

## 1　間違いやすい読み方・書き方に気をつけよう

### 身につけたいスキル

◆特別な書き方や読み方をする言葉があることがわかる
◆長音・撥音・促音・拗音など，特殊音節の表し方がわかる

**ワンポイントアドバイス**

「きかんしゃトーマス」「○○レンジャー」など子どもの好きなキャラクターの名前から，特殊音節を探してみましょう。

### 教師の支援

●特殊音節を含む言葉探しをする
　・イラスト入りのカードにする。
　　でんしゃ（絵）　きゅうしょく（絵）　ケチャップ（絵）

●文字と音の対応を，具体物や体を使って表現させる
　・ひらがな積み木を用いて視覚的に合成・分解をさせる。
　　ねっこ ⇒ ね っ こ

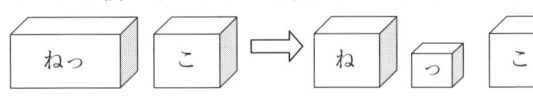

　・友達集めをして，音節数の違いに気づかせる。
　　ね　っ　こ　　しゃ　し　ん

●助詞の「は」「へ」「を」に○をする

## 2　特殊音節を含む言葉を書こう

### 身につけたいスキル

◆特殊音節を含む単語を，正しく書ける

**ワンポイントアドバイス**

ひらがな表をカードにしたり筆箱に貼ったりして，いつでも見られるようにしましょう。間違いやすい文字だけを表にしてもいいですね。

### 教師の支援

●ひらがな表を教室に掲示しておく
●板書の際に，特殊音節を色チョークで強調する
●子どもにたくさん書かせるための工夫をする
　・友達の名前を書こう
　　「しょうくん」「けんちゃん」「りょうこさん」
　・穴埋めプリント
　　（例）
　　　でん（　　）
　　　①しゃ　②しゅ　③しや

　・どんな言葉ができるかな？

| い | きゃ | し |
|---|---|---|
| ぷ | で | き |
| しゃ | ん | か |

⇒ いしゃ・きしゃ・きかんしゃ・しゃしん・きゃんぷ・でんしゃ・かいしゃ・しきしゃ　など

## 12 漢字を書く

「はな」ってどんな漢字？
どうしても思い出せない
……

　小学校6年間で学習する漢字は1006字です。形を混同しやすい漢字や，読み方が同じ漢字，音訓のある漢字など，さまざまな漢字をすべて覚え，書けるようになることは，子どもにとって大変なことです。

　低学年で学ぶ漢字は，形から意味をイメージしやすい象形文字が多く，学びやすい特徴をもっています。そして，高学年で学ぶ漢字の多くは，低学年で学習する基本的な漢字の組合せです。そこで，まずは低学年で学ぶ漢字をしっかりと覚え，読めるようにすることが大切です。

---

☑ **チェックリスト**

**子どもは，どんなことに困っているのでしょうか？**
（　）　簡単な漢字は書けるが，複雑になると書けない
（　）　大体の形をとらえているが，細かい部分で間違える
（　）　形の違いが見分けられない
（　）　同じ音の漢字が書けない
（　）　漢字の意味がわからない

---

**学習指導要領との関連**　国語　第1学年及び第2学年

〔2　内容〕〔伝統的な言語文化と国語の特質に関する事項〕
（1）ウ　文字に関する事項
　　（イ）（ウ）別表の学年別漢字配当表の各学年までに配当されている漢字を読み，漸次書き，文や文章の中で使うこと。
第3　指導計画の作成と内容の取扱い
2（1）ウ　（ア）学年ごとに配当されている漢字は，児童の学習負担に配慮しつつ，必要に応じて，当該学年以前の学年又は当該学年以降の学年において指導することもできること。
　　　　（イ）当該学年より後の学年に配当されている漢字及びそれ以外の漢字については，振り仮名を付けるなど，児童の学習負担に配慮しつつ提示することができること。

## 1　どんな漢字があるかな？

### 身につけたいスキル

◆漢字の形と，意味や読み方との関連に注目する

**ワンポイントアドバイス**
看板や商品パッケージなど，生活の中で意図的に漢字に注目させてみましょう。

**ワンポイントアドバイス**
「漢字カルタ」や「漢字のたし算・ひき算」で一緒に遊びましょう。
(例) 日に1本たしたら？
→　田　目　旦　…

### 教師の支援

●「漢字集め」や「漢字探し」をする
・1つの漢字が，文の中にいくつあるか見つける。
・似ている漢字を集める。
　(例) 木がついている漢字
・存在しない漢字，ちょっとだけ違う漢字などを混ぜて，その中から正しい漢字を選ぶ。
　(例) 百，百，古
・間違っているところや似ている部分を言語化させる。
●ほかの漢字のパーツにもなる，基本漢字をしっかり覚える
・山，川，目，木，上，下，一，二　など
●具体的なイメージがつかみやすい漢字を覚える
・川，火，人　など

## 2　漢字を覚えよう

### 身につけたいスキル

◆大きく書いて覚える
◆単語や文で，読み方や意味を覚える

**ワンポイントアドバイス**
子どもによって，ひらがな，カタカナ，漢字の獲得に差があることを知っておきましょう。

### 教師の支援

●練習帳を工夫する
・升目の大きさを工夫する。
・升目の中にリード線を書いておく（始点を強調する）。
・読み方や送り仮名も一緒に書いておく。
●書くことが苦手な場合は，一部だけを書いて仕上げる
・最後の1画（2画）を書きたして仕上げる。
・たりない部分を見つけて書きたす。
・偏を書いて仕上げる。
・偏とつくりのカードを組み合わせて漢字を作る。
●単語や例文を作らせる
・花がさく，花だん，お花ばたけ，花のたね

## 3　漢字ではどう書くのかな？

### 身につけたいスキル

◆漢字を調べて書く

**ワンポイントアドバイス**
子どもが書きたいものをていねいに聞き取ってみましょう。
→「おひさまの"ひ"が書きたい」

### 教師の支援

●書きたい言葉を子どもに探させる
・同じ読みの2～3の漢字の中から，書きたい漢字を選ぶ。
・教科書から探す。
・辞書から探す。
・ワープロで探す。
・インターネットで探す。
・自分だけの漢字リストを作る（魚の名前など）。

# 13 作文を書く

> 作文は苦手
> 何をどう書いたらいいのか，わからないよ……

　作文を書くことが苦手，という子どもは多くいます。まず，書く内容を見つけることがむずかしいものです。また，せっかく書きあげても，「もう少し書いてみましょう」「間違っている字があるから書き直しましょう」「このときの気持ちをもっと詳しく書いてみましょう」などと言われ，気持ちがしぼんでしまうこともあります。

　まず，「書けた」という達成感を味わわせ，作文を書こうとする気持ちを育てることから始めましょう。

### ☑チェックリスト

**子どもは，どんなことに困っているのでしょうか？**

- （　） 書くことが決められない
- （　） 書きたいことが思い浮かばない
- （　） どのような順序で書いてよいかわからない
- （　） 原稿用紙の使い方がわからない

**学習指導要領との関連**　国語　第1学年及び第2学年

〔1　目標〕
（2）経験したことや想像したことなどについて，順序を整理し，簡単な構成を考えて文や文章を書く能力を身に付けさせるとともに，進んで書こうとする態度を育てる。

第3章 学校が楽しくなるスタディスキル

## 1 何を書いたらいいのかな？

**身につけたいスキル**
◆いちばん書きたいことを題にする

**教師の支援**
●具体物を見ながら考えさせる
・写真やしおり，拾った宝物など，具体物を準備して思い出せるようにする。
●範囲が広い場合は，経験したことの中からポイントをしぼらせていく
（例）「運動会の何について書きたい？」→「鈴割り」

## 2 どうやってまとめたらいいのかな？

**身につけたいスキル**
◆順を追って出来事を書く

**ワンポイントアドバイス**
書きたいことが思い浮かぶように，印象的なことを言語化してあげましょう。
「鈴をよく見て投げていたね。かっこよかったよ」

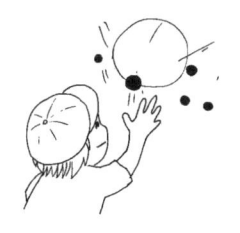

**教師の支援**
●子どもにあった作文方法を提示する
・口頭作文
　大人が聞き取って下書きする。
・三文作文
　3つの文で書く。
・短冊作文
　短冊1枚に1つの出来事（文）を書く。
　短冊は何枚書いてもよい。
　できた短冊を大きな紙に余裕を開けて貼る。文を書きたす。
・作文パターンカード
　したことを1行ずつ書く。
　その下に思ったことや考えたことを書く。

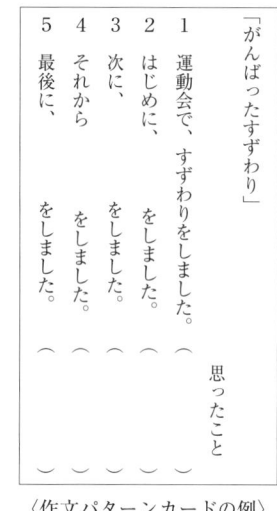

「がんばったすずわり」
1 運動会で，すずわりをしました。
2 はじめに，〇〇をしました。
3 次に，〇〇をしました。
4 それから，〇〇をしました。
5 最後に，〇〇をしました。
思ったこと
〇〇〇〇

〈作文パターンカードの例〉

## 3 原稿用紙に書こう

**身につけたいスキル**
◆原稿用紙の使い方がわかる

**教師の支援**
●原稿用紙の使い方の見本プリントを用意する
・まねして書けるように，具体的な見本にする。
・「はじめに」「次に」「それから」などのキーワードに色をつけておく。
●書き直しが少なくなる工夫をする
・短冊を並べて，それを見ながら原稿用紙に書く。
・作文パターンカードをそのまま原稿用紙に写す。
〈留意点〉
★最後まで書き通したという満足感が得られるようにする。
★友達のよい表現をたくさん示して参考にさせる。

# 14 感想文を書く

> 感想って何？
> 本は読んだけど，
> 何を書いたらいいのか
> わからないよ

（吹き出し内イラスト：ぎょうぎが わるいと おもいました。）

　楽しく本を読んだのに，「感想を書きましょう」「登場人物の気持ちを考えましょう」「自分ならどうしますか？」などと言われてとまどう子どもたちがいます。結局，あらすじをなぞり，最後は「おもしろかった」でまとめることになります。

　「感想文は物語を読んで書くもの」と思い込んでいませんか？　物語の場面を想像したり，登場人物の心情を読み取ったりすることが，とてもむずかしい子どもたちがいます。物語でなくても，まずは自分が好きな本の中から，面白い，不思議だな，やってみたい，という気持ちが湧いてきたら，それを自分の言葉で書かせてみましょう。

### ☑チェックリスト

子どもは，どんなことに困っているのでしょうか？
- （　）思ったことが言葉で表現できない
- （　）物語を読むことが苦手
- （　）2～3行書いて終わってしまう
- （　）あらすじの羅列になってしまう

**学習指導要領との関連**　国語　第1学年及び第2学年
〔2　内容〕C　読むこと
（2）エ　物語や，科学的なことについて書いた本や文章を読んで，感想を書くこと。

第3章　学校が楽しくなるスタディスキル

## 1　感想って何を話したらいいのかな？

**身につけたいスキル**

◆本の内容と自分の体験を結びつける

**ワンポイントアドバイス**
　体験の中から興味が生まれます。いろいろな分野の本に興味がもてるよう、子どもの生活体験を増やしていきましょう。

**教師の支援**

●物語以外の本を使った感想発表会をする
①図鑑、紀行文、お料理の本など、内容が具体的で、写真や絵も多く含まれている本から、自分が興味のある分野の本を選ぶ。
②本の内容から、自分にできそうなことや過去に経験のあることを探す。
　（例）
　　「水に浮くもの」の本を読んで、自分でも実験してみた。
　　突き指をしてしまった。「体の不思議」の本で調べてみた。
③具体的な項目にそって発表する。
　- 「本を選んだきっかけ」
　- 「本を読んでやってみたいと思ったこと」
　- 「自分でやったことがあること」
　- 「初めて知ったこと」
　- 「本を読んでびっくりしたこと」　など

〈留意点〉
★ここでは、本の内容が、自分の生活の中にどれだけ生かされているかにポイントを置く。

## 2　感想文を書こう

**身につけたいスキル**

◆パターンにあてはめて書く

**ワンポイントアドバイス**
　子どもと一緒に本を読んで、感想を話し合いましょう。

**教師の支援**

●本のジャンルに合わせて、パターンを用意する
- 自分がやったことと本に書いてあったことを比べて書こう。
- 自分がやったときの様子、感じたこと、考えたことなどを本に書いてあったことと比べて書こう。
- 同じこと、違ったことを具体的に書こう。
- 作者や主人公に手紙を書こう。

（感想例）

　きつねの○○へ
　○○は、きつねなのに、どうしておはなしができるの？うちにはうさぎのポポちゃんがいるけど、おはなししてくれないから、ちょっとさびしい。……

　さくしゃの○○さんへ
　ぼくは、さかながすきです。とくに、くまのみがすきです。○○さんのかいた「さかなじてん」には、くまのみのなかまのことがたくさんかいてありました。……

〈留意点〉
★友達の書いた感想文を見本として示すとイメージがつかみやすい。

# 15 ノートに書く

> ノートの種類が
> いっぱいあって
> 困っちゃう……

　ノートをとることの大切さはわかっていても，みんなと同じようにノートをとれない子どもがいます。板書の字を読み取るのに時間を要したり，文字を思い出すのに時間を要したり，子どもによって理由はさまざまです。短期記憶の力が弱ければ，黒板に書かれている内容をまとまりとして覚えきれず，一文字ずつあるいは一語ずつ見ながら書かなければなりません。また，見ている場所がわからなくなり，見ていた場所を探しながら書き写している子どももいます。あるいは，ノートの罫線が邪魔になってしまう子どももいます。まずは，その子にとって書きやすいノートを選んで，書く意欲を育てましょう。

### ☑チェックリスト

**子どもは，どんなことに困っているのでしょうか？**

- （　） どこに書いてよいかわからない
- （　） 何を書いてよいかわからない
- （　） 枠の中に書けない
- （　） まっすぐ，書けない
- （　） 黒板と同じに書けない
- （　） ノートを使い分けられない

**学習指導要領との関連**　　国語　〔伝統的な言語文化と国語の特質に関する事項〕

（1）ウ　文字に関する事項
　（ア）平仮名及び片仮名を読み，書くこと。また，片仮名で書く語の種類を知り，文や文章の中で使うこと。（第1学年及び第2学年）
　（ウ）漢字のへん，つくりなどの構成についての知識をもつこと。（第3学年及び第4学年）
（2）書写に関する事項
　イ　点画の長短や方向，接し方や交わり方などに注意して，筆順に従って文字を正しく書くこと。（第1学年及び第2学年）

第3章　学校が楽しくなるスタディスキル

## 1　升目にそろえて書こう

**身につけたいスキル**

◆自分が書きやすいノートがわかる

**ワンポイントアドバイス**
罫線の有無・罫線の太さや濃さ・縦書き・横書き，ノートの地の色等，市販されているノートの種類も多くなっています。書きやすいプリントが見つかったら，ノート選びに役立てましょう。

**教師の支援**

●数種類のプリントを用意して比べさせる
・数種類のプリントを比べて，書きやすいものを子どもが選べるようにする。

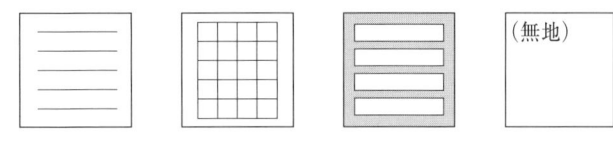

（無地）

〈留意点〉
★プリントは学級のだれもが選択できるようにする。


## 2　ノートの使い方を覚えよう

**身につけたいスキル**

◆1日ごとに新しいページを使い，冒頭に日付と見出しを書く

**ワンポイントアドバイス**
ノートを開くのに時間がかかる場合は，新しいページが開けるようにクリップなどで留めておくとよいでしょう。順序よくノートを使うことにもつながります。

**教師の支援**

●ノートのとり方をパターン化する（枠組みを作る）
・ノートの初めに，「日付」と「大見出し」を必ず書く。
・パターンが定着するまで，必要な部分をあらかじめ教師が書き入れておいてもよい。

（例）

（　）月（　）日

題


## 3　ノートには何を書けばいいの？

**身につけたいスキル**

◆黒板の大事な部分を，必ずノートに写す

**ワンポイントアドバイス**
字が雑であっても，間違いがあっても，まずはノートに書いたことをほめましょう。

**教師の支援**

●書き写す部分を明示する
・枠をつけるなど，印を決めておく。
・ ポイント などのマークで目立たせる。
・書く時間を保障する。

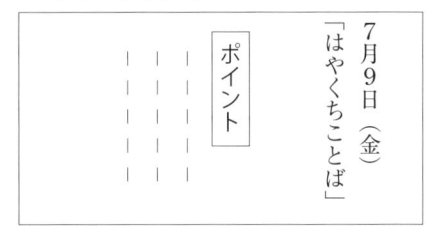

7月9日（金）
「はやくちことば」
ポイント

〈留意点〉
★チョークの色は，白か黄色が見やすい。
★書き終わらなかったときはどうするかを決めておく。

# 16 数のまとまり

どっちが多い？

　10，20，30……とすらすらと数を唱えることはできても，具体物の数をぱっと答えられない子どもがいます。また，数字を見て，その数だけ具体物を示すことがむずかしい子どももいます。数を量としてとらえることは，一部の子どもたちにとってはむずかしいことです。さらに「いくつ？」と「何番目？」を混同する子どももいます。
　その子のつまずきに合った学習方法を一緒に探しましょう。

## ✓チェックリスト

子どもは，どんなことに困っているのでしょうか？

（　）　指さしをしないと，具体物の数を数えることができない
（　）　5個までの具体物を見て，数を即座に答えることができない
（　）　10までの数字を見てすぐに，その数分の具体物を取り分けられない
（　）　10のまとまりがとらえられない
（　）　10までの2つの数字を見て，どちらが大きいか瞬時に答えられない
（　）　10の補数がわからない

### 学習指導要領との関連　算数　第1学年

〔2　内容〕A　数と計算
（1）　ものの個数を数えることなどの活動を通して，数の意味について理解し，数を用いることができるようにする。
　　ア　ものとものとを対応させることによって，ものの個数を比べること。
　　イ　個数や順番を正しく数えたり表したりすること。

第3章　学校が楽しくなるスタディスキル

## 1　5までの数をマスターしよう

**身につけたいスキル**

◆5までの数が，見てぱっとわかる
◆指を使って数えたり，計算したりできる

**ワンポイントアドバイス**
指で数を示すことは，数を体感するために大事な経験です。影絵やじゃんけん等，指先を使った遊びを楽しみましょう。

**教師の支援**

●具体物の操作を多く体験させる
①数字を書いた枠の中に，具体物を1つずつ入れて数える。
②具体物（絵）を見ながら，数を数える。
　「1，2，3，ぜんぶで3」
③1つずつ数えないで，見てすぐに数を答える。
●指を使って，数えたり計算したりさせる
・計算手袋の使い方を教える。

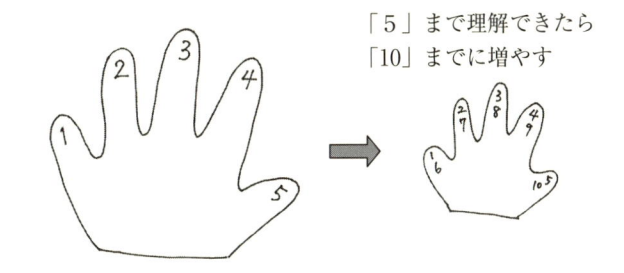

「5」まで理解できたら「10」までに増やす

●5の分解をする
　（例）2といくつで5？
　　　　1といくつで5？

〈留意点〉
★5を1つのまとまりとして意識させる。5までの数をしっかりとらえられると，数の基本である10がつかみやすくなる。

## 2　10までの数をマスターしよう

**身につけたいスキル**

◆10までの数が，ぱっとイメージできる

**ワンポイントアドバイス**
生活の中でも数を身につけるチャンスがたくさんあります。
（例）「お皿を4枚出して。あといくつで10枚？」

**ワンポイントアドバイス**
カードゲームや，さいころ・ルーレットなどを使うボードゲームは，数感覚を身につけるのに最適です。家庭でも楽しみましょう。

**教師の支援**

●体で反応させる
・フラッシュカードで示された数字を声に出して読み，指で数を示す。
・示された数字の人数で，友達とグループをつくる。
・示された数字の数だけ，拍手をする。
●カードゲームで，数の感覚を養う
・大小比較
　ペアになって，それぞれがひいたカードを見せ合い，数が少ないほうがさっとしゃがむ。
・たして10になる数は？
　ペアになって，一人が10までのカードから1枚引き，相手が補数を言う。
・トランプなどを使ってさまざまなゲームをする
　ババ抜き，7並べ，神経衰弱，戦争，スピード　など

# 17 繰り上がりの計算

「手だけじゃたりないよ……」

　繰り上がり・繰り下がりの計算につまずく子どもがいます。「10のまとまりを作る」ということが理解できなかったり，「位取り」という考え方が理解できなかったりするためです。繰り上がりや繰り下がりが理解できないと，2桁以上のかけ算やわり算の計算もできなくなってしまいます。

　また，意外に思われるかもしれませんが，自分で書いた数字を読み違えたり，位をそろえて式を書けないために起こる計算間違いもあります。計算をする力と正しく数字や式を書く力を分けて考えてあげると，計算がいやにならずに取り組めます。

## ☑チェックリスト

子どもは，どんなことに困っているのでしょうか？
- (　) たし算の意味が理解できない
- (　) 数系列が理解できない
- (　) 1位数同士の加法および減法ができない
- (　) 繰り上がりのある1位数の加法ができない
- (　) 2位数同士の加法（繰り上がりなし）ができない
- (　) 十のくらい，一のくらいの意味が理解できない

### 学習指導要領との関連　算数　第2学年

〔2　内容〕A　数と計算
（2）加法及び減法についての理解を深め，それらを用いる能力を伸ばす。
　ア　2位数の加法及びその逆の減法の計算の仕方を考え，それらの計算が1位数などについての基本的な計算を基にしてできることを理解し，それらの計算が確実にできること。また，それらの筆算の仕方について理解すること。
　イ　簡単な場合について，3位数などの加法及び減法の計算の仕方を考えること。

第3章 学校が楽しくなるスタディスキル

## 1　合計が 10 より多い 1 桁同士のたし算をしよう

**身につけたいスキル**
◆繰り上がりの 1 回ある計算ができる

**教師の支援**
●たされる数やたす数を分解して，10 のまとまりを作らせる

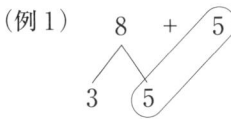

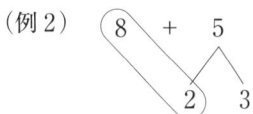

（例1）　8 ＋ 5　　　（例2）　8 ＋ 5
　　　　3　5　　　　　　　　　　2　3

〈留意点〉
★計算をしたことで○がもらえる機会をつくる。
●九九のように，1 桁＋ 1 桁のたし算を表にする
・フラッシュカードや単語カードにしてもよい。
●たし算が必要な遊びをする
・カードゲーム（トランプ，UNO など）
　得点計算のために手持ちの札を合計する。
・お金を使うボードゲーム（人生ゲームなど）
　手持ちのお金を計算しながらゲームを進める。
・買い物ごっこ
　いろいろな物を買うために合計金額を計算する。

〈留意点〉
★「計算がすぐにできると楽しい」という場面をつくる。

## 2　筆算をしよう

**身につけたいスキル**
◆位をそろえて書く
◆あとから見直しができるように書く

**ワンポイントアドバイス**
升目のあるノート，罫線のノートなど，使いやすいノートを選びましょう。(p.69　ノート参照)

**教師の支援**
●書き方のパターンを決めておく
・升目黒板に，位取りの書き方を例示する。
・繰り上がりによって桁が増えることがわかるようにする。
・途中計算を書き込む。
・問題を先に写すときは，周りの升目をいくつ空けるか指示する。

〈留意点〉
★繰り上がった数字を書く場所を決めておく。

## 3　計算ミスを防ごう

**身につけたいスキル**
◆検算をする

**教師の支援**
●再計算の励みになるような魅力的な取り組みを考える
・小さい升目の紙，罫線だけの紙など，検算用の紙を使う。
・ボールペンを使ってよいことにする。

〈留意点〉
★見直しでは，書いたものを眺めるだけでなく，計算をもう一度してみることが大切であることを知らせる。

# 18 九九を覚える

（吹き出し）6の段や7の段になると順番がわからなくなる……

　小学校2年生で，かけ算九九を暗唱したことはだれにでもある懐かしい思い出ではないでしょうか。
　この時期に，できる限り九九を暗記してほしいと思いますが，暗記そのものが苦手である子どもにとってはとても苦痛なことです。覚えやすい方法を模索することが大切です。
　また，九九を覚えるまでかけ算ができないということでは，その後の学習に支障が出ます。かけ算の仕組みを理解したら，「かけ算表」や「マトリクス表」などを用いて，計算がしやすくなる工夫をすることは支援の1つであると考えます。

## ☑チェックリスト

子どもは，どんなことに困っているのでしょうか？

（　）ものを同じ数ずつ配ることができない
（　）小さな段は大丈夫だが，大きな段になるとわからない
（　）乗法の意味について理解できない
（　）かけ算九九が覚えられない
（　）かけ算の式を見ても，答えが出てこない

### 学習指導要領との関連　算数　第1学年・第2学年

（第1学年）
〔2　内容〕〔算数的活動〕
　（1）内容の「A数と計算」「B量と測定」,「C図形」及び「D数量関係」に示す事項については，例えば，次のような算数的活動を通して指導するものとする。
　　ア　具体物をまとめて数えたり等分したりし，それを整理して表す活動
（第2学年）
〔2　内容〕　A　数と計算
　（3）乗法の意味について理解し，それを用いることができるようにする。

## 1　九九を覚えよう

**身につけたいスキル**
◆自分にあった覚え方がわかる

**ワンポイントアドバイス**
繰り返すことで覚えやすくなります。何度でも聞いてあげましょう。

**教師の支援**
●いろいろな覚え方を示して試させる
・何度も聞いて覚える。
・答えだけ覚える。
・歌にして覚える。
・語呂合わせで覚える。
・市販のＤＶＤなどの映像を見て覚える。
・「にー，にー，よん」「よん，よん，じゅうろく」など，自分のわかりやすい唱え方を探す。

〈留意点〉
★いろいろな方法を組み合わせてみてもよい。

## 2　九九の仕組みを知ろう

**身につけたいスキル**
◆同じ数ずつ増えていく，かけ算の規則性がわかる
◆2倍，3倍……の意味がわかる

**教師の支援**
●同じ数ずつ増えていくことを視覚的に理解させる

| 6の段 | 6 | +6 | +6 | +6 | +6 | +6 | +6 | +6 | +6 |
|---|---|---|---|---|---|---|---|---|---|
|  |  | 12 | 18 | 24 | 30 | 36 | 42 | 48 | 54 |

| 7の段 | 7 | +7 | +7 | +7 | +7 | +7 | +7 | +7 | +7 |
|---|---|---|---|---|---|---|---|---|---|
|  |  | 14 | 21 | 28 | 35 | 42 | 49 | 56 | 63 |

〈留意点〉
★グレーの部分にのりをつけ，答えだけ見えるように表を貼り合わせていくと，九九表ができる。

## 3　九九が覚えられないときは？

**身につけたいスキル**
◆補助手段として九九表を利用する

**ワンポイントアドバイス**
九九表を使っても，計算の答えが出せたことをほめてあげましょう。

**教師の支援**
●九九表を見ながら，計算問題に取り組ませる
・表は見やすいところに置かせる。
・初めは，どこの段を使うのかを教師が一緒に確認する。
・わかるところは見ないで計算する。
・九九表は，必要な段だけ見やすいように，蛇腹折りにしてもよい。

●かけ算表やマトリクス表を自分で作らせる
・枠やかけ算の問題があらかじめ書いてある用紙を用意し，自分で答えを埋めてから計算問題に取り組む。
・わかるところや，必要なところだけ書かせる。
・キーになる段を覚えれば，全部覚えなくても規則性から答えがわかることを知らせる。

# 19 時計を読む

教室の時計は，なんで，7なのに35分って読むの？

　「あと5分ですよ」「12時になったら，お昼ご飯にしましょう」「次の電車は38分発だよ」等々，生活の中で時間や時刻に関する言葉は多用されています。デジタル時計のほうが便利だという人もいますが，時計の文字盤を見て時間を量的にとらえたり考えたりしている人が多いのではないでしょうか。

　文字盤を読むということは，長針と短針から時刻を読み取るだけでなく，時間感覚を育てることにつながると考えます。時間を使いこなすことで，生活を豊かにしていきたいですね。

### ☑チェックリスト

子どもは，どんなことに困っているのでしょうか？

( )　長針と短針の意味がわからない
( )　長針の読み方がわからない
( )　短針の読み方がわからない
( )　時間と時刻の違いがわからない
( )　秒と分と時間と日の関係がわからない
( )　何分間という長さがつかめない

### 学習指導要領との関連　算数　B　量と測定

(第1学年)(2) 日常生活の中で時刻を読むことができるようにする。
(第2学年)(3) 時間について理解し，それを用いることができるようにする。
　　　　　　ア　日，時，分について知り，それらの関係を理解すること。
(第3学年)(3) 時間について理解できるようにする。
　　　　　　ア　秒について知ること。
　　　　　　イ　日常生活の中で必要となる時刻や時間を求めること。

第3章 学校が楽しくなるスタディスキル

## 1 いま何時？

### 身につけたいスキル
◆いまのだいたいの時刻がわかる
◆時計を見て時刻を言える

**ワンポイントアドバイス**
時間感覚を育てるために，アナログ時計とデジタル時計を両方用意しましょう。

### 教師の支援
●長針と短針の読み方を練習をする
①短針に注目させる
・「1時」「2時」などの正時がわかる。
・「△時すぎ」「▲時前」という言い方にも触れておく。
②長針に注目させる
・30分がわかる。
・5分がわかる。
・1分がわかる。
③文字盤を見やすく色分けする
●授業の開始時刻を時計で確認する
・長い針が7になったら，2時間目が始まります。

## 2 ○分間ってどれくらい？

### 身につけたいスキル
◆「○分間」の時間の長さをイメージできる
◆時計の針がどこまで進むと「○分間」かわかる

（ゲームの時間は長いほうがいいな……）

### 教師の支援
●日常的に時間の長さを意識させる
・1分間をあてるゲーム。
・いろいろな時間の長さを体験させる。
「5分間読書タイム」
「10分間ドリルタイム」
「あと，3分間で終わりです」など

〈留意点〉
★アナログ時計やスポーツタイマーを使うと，視覚的に時間の長さがとらえられる。

## 3 午前と午後

### 身につけたいスキル
◆同じ時刻に，午前と午後があることがわかる

**ワンポイントアドバイス**
生活の中で意識させましょう。
午前7時 → 起きる時間
午後7時 → 夕飯の時間

### 教師の支援
●午前と午後の違いを確認する
・長針を1周させて，60分が1時間であることを確かめる。
・12時間たつと短針が1周すること，2周すると1日たつことを押さえる。

## 20 形を見分ける

「反対向きでも、三角なのかな……」

　パズルの組合せ遊びをしていても，手本と同じ形になっていることに気づかないで，一生懸命に試行錯誤を重ねている子どもがいます。幼稚園や保育園で，積み木を並べて遊んだり，箱を重ねてロボットや電車を作ったりした経験はあるはずなのに，算数の中に出てくると突然むずかしく感じてしまう……という子どもたちもいます。形を体系づけて考えていくための視点があいまいだったり，いろいろな角度から見ることがむずかしかったりするようです。図形に関する学習に抵抗感をもたないように，図形を見分けるコツを身につけていきましょう。

### ☑チェックリスト

**子どもは，どんなことに困っているのでしょうか？**

（　）「まる」「さんかく」「しかく」等の言い方がわからない
（　）具体物だとわかるけれど，図（絵）になるとわからない
（　）特徴をとらえて見分けることがむずかしい
（　）辺や頂点を数え間違う
（　）大きさが違うとわからなくなる
（　）向きが違うとわからなくなる

**学習指導要領との関連**　算数　C　図形

（第1学年）（1）ア　ものの形を認めたり，形の特徴をとらえたりすること。
（第2学年）（1）ものの形についての観察や構成などの活動を通して，図形を構成する要素に着目し，図形について理解できるようにする。

第3章　学校が楽しくなるスタディスキル

## 1　これって何の形？（平面図形）

**身につけたいスキル**
- ◆丸，三角，四角がわかる
- ◆辺や頂点に注目できる
- ◆形を組み合わせたり分解したりできる

**ワンポイントアドバイス**
生活の中で，似ている形探しを一緒にしてみましょう。

三角おにぎり

**教師の支援**
- ●身の回りの物を使って，同じ形探しをする
  四角い物……ノート，黒板，教科書，折り紙
  ・分類した形ごとに名前をつけていく。
  ・辺・頂点の数など，区別するときに着目するポイントを明確にする。
- ●算数セットの色板を使って遊ぶ
  ①色別／大きさ別／形別に分類する
  ・色板を置いた机の周りを回って，いろいろな方向からの見え方を確かめる。
  ②動物や花等，身近なものを色板で作ってみる
  「猫の耳は三角だよ」など工夫したところを発表する。
  ③お手本と同じ形を作る
  全体像（輪郭）を見て，構成している色板を考える。

〈留意点〉
★視聴覚機器を活用すると，図形の拡大縮小が簡単にできる。大きさが変わっても形の構成要素は変わらないことを確認できる。

## 2　これってどんな形？（立体図形）

**身につけたいスキル**
- ◆ボールの形，箱の形がわかる
- ◆角度によって立体の見え方が違うことがわかる

**教師の支援**
- ●積み木を使って，同じ形探しをする
  （例）ボールの形，さいころの形，ティッシュ箱の形など
- ●シルエットあてクイズ
  ・身近な物をいろいろな角度から見せて，何の形かあてる。
- ●展開図あてクイズ
  ・組み立てたら何の形になるかをあてる。

## 3　何て言うのかな？

**身につけたいスキル**
- ◆図形を表す用語がわかる

**教師の支援**
- ●図形に必要な名称を覚える
  ・色板を触りながら，「まっすぐなところが辺」「平らなところが面」「とがっているところが頂点」などを確認する。
  ・辺ごとに色分けするなど，わかりやすく提示する。

## 21 ものさしを使う

「目盛りがいっぱいあって，よくわからない」

　ものさしや三角定規を使った学習に取り組み始めるとき，わくわくする子どもたちが多いように思います。新しい道具を使い始めるのは，だれにとっても嬉しいものです。ところが，学習を進めていくうちに，ものさしや三角定規を使うことに苦手意識をもってしまうケースがたくさんあります。理由は簡単！　うまく使いこなせないからです。意欲を損なわないためにも，生活の中で役立てるためにも，道具と仲よくなれるといいと思います。

### ☑チェックリスト

**子どもは，どんなことに困っているのでしょうか？**

（　）　目盛りが読めない
（　）　始点が合わせられない
（　）　線を引こうとすると，ものさしがずれる
（　）　ものさしの使い方がわからない
（　）　単位がよくわからない
（　）　ものさしが短くて測れない

### 学習指導要領との関連　算数　第2学年

〔2　内容〕B　量と測定
（1）長さについて単位と測定の意味を理解し，長さの測定ができるようにする。
　ア　長さの単位（ミリメートル（mm），センチメートル（cm），メートル（m））について知ること。
［算数的活動］
（1）ウ　身の回りにあるものの長さや体積について，およその見当を付けたり，単位を用いて測定したりする活動
　　　エ　正方形，長方形，直角三角形をかいたり，作ったり，それらで平面を敷き詰めたりする活動

第3章　学校が楽しくなるスタディスキル

## 1　ものさしにさわってみよう

**身につけたいスキル**
◆ものさしの用途がわかる

**教師の支援**
●長さ比べをする
・ものさしよりも短いもの，長いものをたくさん見つける。
●ものさしを使っていろいろな直線を引いてみる

## 2　長さを測ろう

**身につけたいスキル**
◆測るものの端を，ものさしのゼロに合わせる
◆目盛りを読む

**教師の支援**
●始点の合わせ方を練習する
・目盛りを読む前に，ものさしがずれないように固定する。
●ものさしより長いものを測ってみる
・ものさしの終わる位置に鉛筆で印をつける。
・印に始点を合わせて再度測る。
・2回分の長さをたす。

## 3　まっすぐに線を引こう

**身につけたいスキル**
◆ものさしと紙をしっかり押さえる
◆ものさしの上辺に沿って左から右へ線を引く

**ワンポイントアドバイス**
幅や色，目盛りの打ち方など，子どもが使いやすいものさしを選びましょう。

**教師の支援**
●鉛筆を持たない手で，ものさしを上から力を入れてしっかり押さえる
〈留意点〉
★押さえる手の形がわかるように示す。
★押さえる手に力が入らないときは，立ってかいてみたり，セロハンテープ等でものさしを固定してかいたりする。
●2点を結ぶ直線を引く練習をする
・線は左から右へかかせる（右利きの場合）。

## 4　○センチメートルの直線を引こう

**身につけたいスキル**
◆指定された長さの直線を引く

**ワンポイントアドバイス**
透明な板を使って，練習用の幅広L字型定規を作ってみましょう。

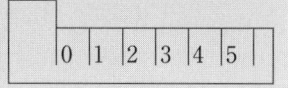

**教師の支援**
●ものさしで目盛りをとる練習をする
①ものさしを固定し，始点と終点の目盛りに点を打つ。2点を線でつなぐ。
②始点を書いてから，そこに目盛りのゼロを合わせ，次に，引きたい線の長さ（5cmや10cmなど）の位置に点をかく。2点を線で結ぶ。
③縦の線を引いてみる。

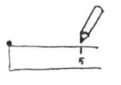

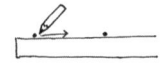

## 22　位置と方向

（吹き出し）右は，どっちだっけ？

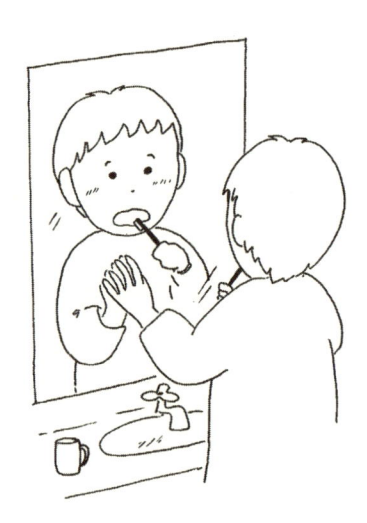

「鉛筆を持つのが右手」とおばあちゃんに教えられてきた男の子が，「左利きの友達は右手が反対についているんだと，まじめに思っていた」と言っていたのを聞いて，概念を身につけていく過程を考えさせられました。左右や上下の概念は自然に身についていくように考えがちですが，自分を中心とした見方から客観的に対象物を見取っていけるようになるためには，子どもなりに方策を立てて覚えていく必要があるのかもしれません。

自分だけではいい方策が考えられない子どもには，大人が与えるキーワードやきっかけが必要になります。

### ☑チェックリスト

子どもは，どんなことに困っているのでしょうか？
- （　）〇個と〇番目の違いがわからない
- （　）自分を中心にしないと前後左右がわからない
- （　）左右はわかるが，右斜め等二つの要素が絡むとわからない
- （　）どこが基準になるかがあいまい
- （　）言われるとわかるが，自分で言い表すことがむずかしい

**学習指導要領との関連**　算数　第1学年
〔2　内容〕A　数と計算
　（1）イ　個数や順番を正しく数えたり表したりすること。
C　図形
　（1）イ　前後，左右，上下など方向や位置に関する言葉を正しく用いて，ものの位置を言い表すこと。

第3章　学校が楽しくなるスタディスキル

## 1　位置や方向を表す言葉をマスターしよう

### 身につけたいスキル

◆「左右」「上下」の言い方がわかる
◆「左から3番目」等の言い方がわかる

**ワンポイントアドバイス**
位置を表す言葉を，生活の中でも意図的に使ってみましょう。
「右側の引き出しから，スプーンを出して」
「のりは，左から2番目の箱の中にあるよ」

### 教師の支援

●宝探しゲーム
・「右から2番目の箱の上にあります」
・「廊下から3列目，上から4番目の棚の中にあります」

〈留意点〉
★探す役とヒントを出す役の両方を体験させる。

●あみだくじゲーム
・スタートからゴールまでの道順を声に出して言う。

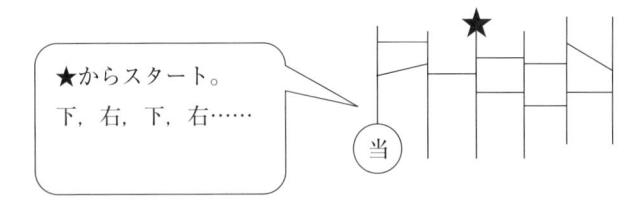

★からスタート。
下，右，下，右……

〈留意点〉
★位置関係を押さえることは，グラフの読み取りのベースにもなる。
★「何番目」という言い方には，順番を示す役割もあることを押さえる。

## 2　相対的な位置関係をつかもう

### 身につけたいスキル

◆自分から見た位置と，相手から見た位置は，違うことがわかる

### 教師の支援

●自分から見えるものと方向を言う
・「 前 には，黒板があります」
・「 右 には，△△さんが座っています」
・「 右前 には，★★さんが座っています」

●相手から見た位置を言う練習をする
・「テープは， ☆さんから見て左側 にあります」
・「 先生から見て左側 は廊下があります」

●秘密の伝言ゲーム
【指示書】
花子さんの後ろに座っている人の右隣の人に「○○○」と伝えよう

83

# 23 道順を説明する

　駅までの道ですか……
　わかるけど，説明が
　むずかしいなぁ

　地図の上で，空想の旅を楽しめる人もいますが，地図を見ると頭が痛くなる人もいます。新しい場所に行くときは，いつも迷子になって目的地までたどり着くのに時間がかかる人がいます。あるいは，何度も行っている場所なのに，出発地点が違うとわからなくなってしまう人もいます。迷ってしまったときも，自分の居場所を正しく説明できると便利ですね。

## ☑チェックリスト

子どもは，どんなことに困っているのでしょうか？

（　　）急に言われると，左右がわからなくなる
（　　）方角がわからない
（　　）自分の位置や向きが変わるとわからなくなる
（　　）距離感がわからない
（　　）順序だてて説明ができない

**学習指導要領との関連**　算数　第1学年，社会　第3学年及び第4学年

算数（第1学年）〔2　内容〕C　図形
　（1）イ　前後，左右，上下など方向や位置に関する言葉を正しく用いて，ものの位置を言い表すこと。
社会（第3学年及び第4学年）〔1　目標〕
　（3）地域における社会的事象を観察，調査するとともに，地図や各種の具体的資料を効果的に活用し，地域社会の社会的事象の特色や相互の関連などについて考える力，調べたことや考えたことを表現する力を育てるようにする。

第3章　学校が楽しくなるスタディスキル

## 1　校内を案内しよう

**身につけたいスキル**
◆おもな教室の場所がわかる
◆方向や距離を表す言葉が使える

**教師の支援**
●校内探検をして，同じ階にある教室を発表させる
・「 隣 にあるのは1年2組です」
・「階段の 向こう にはトイレがあります」
・「一番 遠い 教室は2年3組です」
●いつもよく通るルートを，言葉で説明させる
・「昇降口から 左 に まっすぐ 進み， 3番目 の教室です」
・「教室を出て， 右 手の階段を 下りて ， すぐ が保健室です」

〈留意点〉
★「右・左」「上る・下りる」「まっすぐ・曲がる」「遠い・近い」「手前・向こう」「隣」など，位置関係を表すキーワードを意識させる。

## 2　駅から家までの道順を紹介しよう

**身につけたいスキル**
◆道順の目印を見つける
◆目印を使って道順を説明する
◆地図の上で道順を確認する

**ワンポイントアドバイス**
　周囲に目を向けながら，親子で会話して歩く機会を大事にしましょう。位置関係を知るだけでなく，季節を感じたり，言葉を育てたりする，すてきな時間になります！

**教師の支援**
●駅から家までの道順を説明させる
①実際に歩きながら説明を考える。
　・「ここを左に曲がります」
　・「すぐに本屋さんが見えてきます」
②説明に大事な要素を確認していく。
　・曲がり角の手がかりは？
　・進む方向は？
　・大きな建物やわかりやすい建物は？
③地図を見ながら説明する。
　・「改札口を出たら，右の方へ歩きます」
　・「銀行に向かって，まっすぐ進みます」

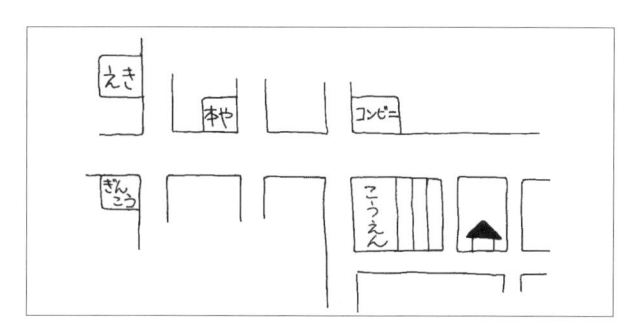

④地図を見ないで，頭の中に道順を思い描きながら説明する。

## 24 テストを受ける

> いつも最後まで終わらない。テストって苦手……

　「次の文章を読んで答えましょう」とテストに書かれているだけで，すっかりやる気をなくしてしまう子どもがいます。そんなとき，設問を読んでから問題文を読むようにすると，内容がつかみやすい場合があります。またテスト中は，声に出して問題文を読むことは原則的に禁止されているので，黙読で意味をとらえられるようになることも大切です。さらに，選択式か記述式かなど，どのような答え方を求められているのかについても，意識して設問に取り組めるとよいですね。

　いつも点数のことばかり話題にされて，100点以外のテストは隠すようになってしまった子どもがいました。点数にばかりこだわらず，がんばってテストに取り組めたことを認めていきましょう。

### ☑チェックリスト

子どもは，どんなことに困っているのでしょうか？

( )　長い文章を読むのが苦手
( )　テストを受けるときの約束がわからない
( )　時間配分がうまくできない
( )　問題の意味がつかめない
( )　問題文を黙読で理解できない
( )　解答の仕方を間違える
( )　答え方がわからない

**学習指導要領との関連**　国語　第1学年及び第2学年
〔2　内容〕C　読むこと
（1）イ　時間的な順序や事柄の順序などを考えながら内容の大体を読むこと。
　　　エ　文章の中の大事な言葉や文を書き抜くこと。

第3章 学校が楽しくなるスタディスキル

## 1 テストっていつもと違うの？

**身につけたいスキル**

◆テストの受け方がわかる

**ワンポイントアドバイス**
テストが返されたら，点数だけでなく，名前がしっかり書けたことやていねいに書けていること，最後まで読んで取り組んでいることなどを認めてあげましょう。

**教師の支援**

●テストを受けるときの約束や手順を板書しておく
・机の上に出しておくもの（筆記用具など）。
・終了時刻（時計の模型で示してもよい）。
・配られても，指示があるまで問題を見ない。
・最初に自分の名前と番号を書く。
・困ったときは黙って手をあげる。
・忘れ物や落とし物などをしたら黙って手をあげる。
・早く終わったら見直しをする（3の項参照）。
・終了時間になるまで静かに席で待つ。

●見直しが終わってから終了時間までの待ち方を書いておく
・テスト用紙の裏に絵を描く。
・問題を作る。
・自由帳を使う。　など

## 2 テストだとできないよ

**身につけたいスキル**

◆設問にあった答え方をする
◆時間内にできるだけ多くの問題を解く

**ワンポイントアドバイス**
わかっているのに答え方を間違ったときは，どうしてそのように勘違いをしたのか聞き取り，次回につなげるようにしましょう。

**教師の支援**

●答え方のパターンを練習しておく
記号を書く／文章で書く／線を引く／○をつける
●取り組む順番や時間配分を指示する
・できない問題は飛ばす。
・問題文を先に読んでもよいし，設問を先に全部読んでもよい，などテストへの取り組み方には決まりはない。

〈留意点〉
★最初は全員に対して教師が問題を読み上げ，同じペースで問題を解かせてもよい。

## 3 もっと点数がとれるようになりたいな

**身につけたいスキル**

◆答えを見直す

**ワンポイントアドバイス**
見直したマークがついていたら，どうやって見直しをしたか聞いてみましょう。自分の言葉で説明することで，見直しが定着していきます。

**教師の支援**

●見直しの仕方を示す
・飛ばした問題に取り組んでみる。
・答え方や答える内容が違っていないか確認する。
・答え忘れた設問がないか確認する。
・見直しをした問題には，マークをつける。

〈留意点〉
★ただ眺めるだけでなく，もう一度，問題を解いたり，検算したりするとよいことを知らせる。

# 25 ボディイメージ

あれ？
またぶつかっちゃった……

　自分の体なのに，思うように動かせないという子どもがいます。自分の体の位置関係や可動範囲がわかることを，ボディイメージといいます。これによって，人混みでも他人にぶつからずに歩いたり，欲しい物に手を伸ばして取ったりすることができます。
　自分の腕を伸ばすとどこまで届くのか，自分の体をまっすぐに保つにはどこに力を入れたり抜いたりしたらよいのか。自分自身の体をコントロールすることを体験させ，運動することの楽しさが増すことをねらいます。

### ☑チェックリスト

子どもは，どんなことに困っているのでしょうか？

- （　）「右手」や「左足」など，言葉の指示に反応して体を動かすことができない
- （　）指示を聞いて動きを止めることができない
- （　）手本を見て，同じ動きをすることができない
- （　）右手と左手を別々に動かすことができない
- （　）腕や足を交差させた動きができない

**学習指導要領との関連**　体育　第1学年及び第2学年

〔2　内容〕A　体つくり運動
（1）次の運動を行い，体を動かす楽しさや心地よさを味わうとともに，体の基本的な動きができるようにする。
　　ア　体ほぐしの運動では，心と体の変化に気付いたり，体の調子を整えたり，みんなでかかわり合ったりするための手軽な運動や律動的な運動をすること。

# 1 体操は苦手だな

## 身につけたいスキル
◆体に力を入れたり抜いたりできる
◆体の部位の名称がわかる
◆体がどのように動くかわかる

## 教師の支援
●自分の姿を見せる
・鏡に写したりビデオに撮影したりして,自分の体と動きを確認する。
●自分の思ったとおりに体を動かす
・体をコントロールする感覚を味わう。
●思い切り力を入れて,ふっと抜く感覚を味わわせる
・脱力した状態がわかるようにする。
●体の各部位を確認する
・体の各部位を動かしたり揺らしたりする。
・動かしている部位の名称を確認する。
・体の動くところ(関節)と動かないところを確認する。

# 2 ハイ,ポーズ！

## 身につけたいスキル
◆体の各部位を意図どおりに動かせる
◆体を静止できる

## 教師の支援
●簡単なポーズを真似したり,指示どおりに動く練習をする
・手首や足首に,右左で色の違うリボン等を巻いておく。
「右手をあげて」→「右手は赤いほうだよ」
・指示を具体的にする。
「腕を真上に伸ばそう」→「ひじを耳に付けよう」
●体を止める練習をする
・自分が決めた場所でぴたっと止まる
壁や床に位置を示す線を何本か書いておく。
・「ストップ」の指示にあわせて止まる
初めはゆっくり,慣れてきたらスピードを上げる。
●両手両足が違った動きを練習する
・対称的な動きから始め,非対称な動きを取り入れていく。
●クロスした動きを練習する
・左手で右の肩を触る。　など

# 3 かっこよく動けたよ

## 身につけたいスキル
◆姿勢を保つ
◆重心を移動させて,バランスをとる

## 教師の支援
●バランス感覚が必要な動きを練習する
・両足で立つ,片足で立つ,線の上に立つ,線の上を歩く
・片足跳びをする,バランス椅子やバランスボールに座りながらキャッチボールをする,台の上に立つ　など
〈留意点〉
★「ケンケンパ」や「スキップ」など,具体的にどこをどのように動かすかを言語化する。

# 26 体を動かす

「元気に歩きなさい」っていわれるけど，どうすればいいの？

　指示されたとおりに体を動かすことができにくい子どもたちがいます。ポイントはまずしっかり止まること。意識して止まることは，スピードがゼロであることを体感することです。

　また，「元気に歩く」というのが，どういう動きかわからない子どももいます。あらかじめ「このような指示には，この動き」とパターンがわかると，安心して取り組めます。

　準備体操の「開け」の指示で，どこまで走ったらよいか，自分の体を動かすための目印（並ぶときの位置など）を作っておくことも効果があります。

## ☑チェックリスト

子どもは，どんなことに困っているのでしょうか？

- (　) 言われた場所に並ぶことができない
- (　) まっすぐに歩けない
- (　) スピードを変えて歩くことができない
- (　) 足音を立てずに歩くことができない
- (　) まっすぐに走ることができない
- (　) 全力で走ることができない
- (　) ゆっくり長く走ることができない

**学習指導要領との関連**　体育　第1学年及び第2学年

〔2　内容〕A　体つくり運動
（1）イ　多様な動きをつくる運動遊びでは，体のバランスをとったり移動をしたりするとともに，用具の操作などをすること。

第3章　学校が楽しくなるスタディスキル

## 1　みんなと同じように動けないよ

**身につけたいスキル**

◆歩く，走る，跳ぶ，止まるなどの，基本の動きができる
◆動きの速さや強さを調節できる
◆指示にあった動き方ができる

**教師の支援**

●「はやく」「ゆっくり」など，速さをさまざまに変えて動く
・視覚的，聴覚的に速さや強さがわかるメトロノームやタンバリンのリズムに合わせて動く。
●指示に合った動き方・表現を，具体的に教える
・元気に歩く。
「いちに」「いちに」のリズムで，手を大きく振って歩く。
・音を立てずに静かに歩く。
忍者のイメージで，足の裏を地面にそっとつける。
・まっすぐ走る。
目印の直線の上を走る。
・その場で高く跳ぶ。
どこまで跳ぶか壁に色紙を貼る。
（高さによって赤，黄，青など色を変える）
・音楽に合わせて歩く。
ゆっくりした雅楽や思わず走りたくなるアニメの曲など，明らかに違うテンポの曲を編集して使う。
「右,左」「1, 2」など，言葉でリズムをとりながら歩く。

## 2　動きが合うとうれしいな

**身につけたいスキル**

◆相手の動きをよく見る
◆相手と動きをそろえる

**ワンポイントアドバイス**

家でもまねっこ遊びをしてみましょう。

**教師の支援**

●相手の動きに合わせて自分の動きを調整する，2人組の運動を行う
・押し相撲
・シーソー遊び
・背中合わせで立ち上がる
・フープに入ってぐるぐる回る
・2人でボールを持ち，走って運ぶ
・風船をラケットで挟んで運ぶ
・キャッチボールをする　など

〈留意点〉
★自分や相手が痛い思いをしないためにはどうしたらいいか考えさせる。
★運びやすい風船や投げやすいボールなどを選ばせる。

# 27 縄跳びをする

思ったように
うまく跳べないよ……

　子どもたちは縄跳びが大好きです。たった1本の縄を自由自在に扱い，さまざまな技を繰り出して跳ぶことは，大きな満足感が得られるとともに，友達からの羨望を集めることもできます。

　ところが中には，特に運動が嫌いではないのに，縄の扱い方がぎこちなく，タイミングやリズムが合わずに，思ったように跳べない子どもたちがいます。うまく跳べないという状態は，自分にも周りにもわかりやすく，自信を失ってしまうことにつながります。

　全身を使った協調運動をすることは，日常の生活にも大きなよい影響をもたらします。楽しく運動が続けられるようになるとよいですね。

☑チェックリスト

子どもは，どんなことに困っているのでしょうか？
（　）何も持たずに同じペースでジャンプが続けられない
（　）縄をリズムよく回せない
（　）左右の腕の動きがぎくしゃくしている
（　）縄を前や後ろに回せない
（　）連続して跳べない
（　）縄を回すタイミングとジャンプのタイミングが合わない

学習指導要領との関連　体育　第1学年及び第2学年
〔2　内容〕A　体つくり運動
（1）イ（ウ）用具を操作する運動遊び
〔例示〕○用具を跳ぶなどの動きで構成される運動遊び
　　　　・短なわで前や後ろの連続両足跳びをすること。

第3章　学校が楽しくなるスタディスキル

## 1　どうやったら跳べる？

### 身につけたいスキル
◆縄を回す動きができる
◆跳ぶ動きができる
◆縄を跳ぶタイミングがわかる
◆前跳びができる

**ワンポイントアドバイス**
　ビデオ等に撮って，できるようになったところを視覚的にとらえさせてあげると自信につながります。

### 教師の支援
●動きを細かく分析して，できない部分を集中的に練習させる
・両足をそろえて跳ぶ。
　足がそろわない場合は，膝に赤白帽等を挟む。
・腕の幅を広くして，縄を跳ぶ位置の広さを確保する。
・腕の回転を練習する。
　跳ぶ幅を確保できる位置から縄をおろす。
　少しずつ後ろから縄を持ってこられるようにする。
・肘の位置を固定する。
　肘を体の横で曲げる。
　平ゴムで上腕を体に固定する。　など

〈留意点〉
★ゆっくりでも1回，確実に跳べるようにする。
★できるようになってきたら，連続で跳ぶ。スピードを少しずつ上げてリズムよく跳べるようにする。

## 2　どんな縄が跳びやすいのかな？

### 身につけたいスキル
◆使いやすい縄を使って練習する

**ワンポイントアドバイス**
　市販されている縄にはいろいろなものがあります。一緒に探してみるといいですね。

### 教師の支援
●長さや重さや素材など，いろいろな縄を用意し，自分に合った縄を選ばせる
・フラフープを半分に切ったもの
・持ち手と縄の間が動きやすいもの
・縄がよじれないタイプのもの
・縄にホースや新聞紙などでおもりをつけたもの

〈留意点〉
★一般的なビニルロープはよじれやすいので，しばらないようにするなど，保管の仕方を工夫するとよい。

## 3　こんなにできるようになったよ

### 身につけたいスキル
◆練習の成果を振り返る

**ワンポイントアドバイス**
　家族で同じことを一緒に練習するのも効果的です。

### 教師の支援
●がんばって取り組む姿勢を認める
・カードを作ってできたところにシールを貼る。
・あきらめずに取り組んでいる様子を評価する。
・できることも織り交ぜて，達成感を得られるようにする。
●記録に挑戦するときに，さまざまな参加の仕方を示す
・縄を持たずにジャンプで挑戦
・片手に縄を持って挑戦
・真ん中を切った縄で挑戦　など

# 28 ルールを守る

なんで，みんな同じことするの？
つまらないよ……

　学級の仲間づくりをするためにも，集団のルールを学ぶことはとても大事です。遊びやスポーツを通して，ルールにそって活動することの楽しさを体感できると，学級全体の動きがスムーズになり，子どもたちだけでできる活動の幅も広がります。
　しかし，学校生活に慣れるまでは，「集まれ！」と言われても，「並ぶのは何の順番？」「どこに？」など，子どもたちは疑問でいっぱい。なかには「なんで集まらなきゃいけないんだ」なんて考える子もいます。「ルールから外れたら叱られる」という体験ではなく，「ルールを守ったら楽しかった」という経験を積み重ねさせたいですね。

## ☑チェックリスト

**子どもは，どんなことに困っているのでしょうか？**

- (　) どんなルールがあるかわからない
- (　) 先生の号令が聞こえない，合図の意味がわからない
- (　) やることはわかっているけれど，すぐに動けない
- (　) みんながそろうまで待っているのがむずかしい
- (　) 自分のやりたいことと違う
- (　) 自分の知っているルールと違う
- (　) ルールを守っても，楽しくない
- (　) ルールを守っても，いいことがない

**学習指導要領との関連**　道徳　第１学年及び第２学年
4　主として集団や社会とのかかわりに関すること。
　（1）約束やきまりを守り，みんなが使う物を大切にする。

第3章 学校が楽しくなるスタディスキル

## 1 学校のルールってどんなこと？

**身につけたいスキル**
- ◆学校生活のきまりや用具の使い方がわかる
- ◆学級のルールがわかる

**教師の支援**
- ●どんなルールがあるか，学級全体で確認する
  （例）待つ・横入りをしない・号令に合わせる　など
- ●いつでもルールを確認できるようにする
  ・文字や絵で掲示する。
  ・友達の動きを見る。

〈留意点〉
★声に出してルールを確認してみるのもOK。
- ●ルールがわからない原因を一緒に考える
  ・なんで集まらなくちゃいけないの？
  　→先生の説明が聞こえるように近くに集合するんだよ。

〈留意点〉
★たくさんのルールは混乱を招くので，優先順位をつける。

## 2 どうやって守ればいいの？

**身につけたいスキル**
- ◆みんなと一緒に行動するときは，先生の指示やリーダーの号令に従う
- ◆みんながそろうまで待つ

**ワンポイントアドバイス**
家庭にも，ルールがあることを意識させましょう。
・1日の生活のリズム
・役割分担

**教師の支援**
- ●遊びやゲームの中で，ルールの定着を図る
  ・サーキット
  　リズムや指示に合わせてみんなで動く。
  ・並び方競争　など

（笛の音だけで，動いてみよう！並ぶときは，先生が先頭。順番は背の順だよ。）

〈留意点〉
★運動場等では指示が伝わりにくいので，はっきり具体的に！

## 3 ルールを守ったら楽しかったね

**身につけたいスキル**
- ◆ルールが守れたかを振り返る
- ◆自分ががんばったところを見つける

**ワンポイントアドバイス**
結果だけでなく，がんばったところを見つけられたことを認めましょう。

**教師の支援**
- ●ルールを守れた人に拍手を送る
  ・自分で評価する。大人から評価をもらう。
  ・子ども同士で評価する（最初は2人組から）。
- ●ルールを守れたことへの，お楽しみを設ける
  ・おまけタイム（子どもの好きな活動ができる）

〈留意点〉
★活動の前に，評価の観点やおまけタイムの中身などを具体的に伝え，目的をもたせる。
★シールを貼るなど，評価を視覚的に示すことも効果的。

## 29 運動遊びをする

僕のせいで負けたって言われる

　体育の授業で取り組んだボールゲームなどが，休み時間の遊びや集会の活動につながっていくことが数多くあります。「運動は苦手だから……」と引っ込み思案になる子どももいますが，だれでも楽しく参加できるゲームをめざして，きまりを工夫してみましょう。作戦を立てたり，励ましあったりするなかで，友達関係も広がります。

### ☑チェックリスト

子どもは，どんなことに困っているのでしょうか？
- (　) きまりがわからない
- (　) うまくボールを投げられない
- (　) ボールに触れない
- (　) すぐに鬼になってしまう
- (　) 自分はがんばったのに，チームが負けてしまう
- (　) 自分の知っているきまりと違う
- (　) 負けるのが嫌だ
- (　) うまくいかないと，友達から責められる

### 学習指導要領との関連　体育　第１学年及び第２学年

〔２　内容〕E　ゲーム
（１）次の運動を楽しく行い，その動きができるようにする。
　　ア　ボールゲーム（以下省略）　　イ　鬼遊び（以下省略）
（２）運動に進んで取り組み，きまりを守り仲よく運動をしたり，勝敗を受け入れたり，場の安全に気を付けたりすることができるようにする。
（３）簡単な規則を工夫したり，攻め方を決めたりすることができるようにする。

第3章　学校が楽しくなるスタディスキル

## 1　負けたくないからやらないよ

### 身につけたいスキル
◆勝ち負けを受け入れる
◆ゲームのきまりがわかる

**ワンポイントアドバイス**
気持ちのコントロールはむずかしいもの。あせらず，あわてずにいきましょう！

### 教師の支援
●ゲームを始める前に，教師と約束する
　・負けそうでも最後まで参加する。
　・負けても怒ったり泣いたりしない。
●ゲームのきまりと活動範囲を確認する
　・ゲームの名前と内容を一致させる。
　・コートや陣地の大きさを把握する（歩いてみる）。
　・チームとメンバーを確認する（ビブスを活用）。
〈留意点〉
★ドッジボールの外野と内野など，メンバーが自由に動くゲームのきまりは，具体物を使ってよりていねいに確認する。

## 2　これならやってもいいかな

### 身につけたいスキル
◆自分の得意なところを生かす
◆部分的に参加したり，少しずつ参加したりする

**ワンポイントアドバイス**
きまりの変更を提案するときは，「バージョンアップ」「次のステージ」など，子どもが納得しやすい言い方を用いましょう。

がんばるぞ

### 教師の支援
●苦手でも参加しやすくなるきまりを工夫をする
　（例）ドッジボール
　・何回当たってもＯＫ。当てた数を数える。
　・外野と内野の役割分担をする。
　・当たった人が外野に出る。
　・王様を決めて守る。王様以外は何回当たってもＯＫ．
●声かけのきまりを作る
　（例）ドンマイ！　ナイス！　うまい！　など
●自分が活躍できそうなことを考えさせる
　・ボールをよける，パスする，応援する　など
●メンバー以外に参加できる役割を用意する
　・タイムキーパーや審判等，友達の動きを見てきまりを確認できる役割から始めてみる。
〈留意点〉
★「参加してみよう」という気持ちを育てることが大事。

## 3　勝っても負けても楽しかったね

### 身につけたいスキル
◆勝負を受け入れる
◆「次は○○をがんばる」など，目標を言語化する

**ワンポイントアドバイス**
「くやしかった」「残念」「悲しい」等の気持ちを言語化させ，共感してあげましょう。

### 教師の支援
●参加できたところを評価する
　（例）・ボールをよけられた。
　　　　・最後まで参加した。
　　　　・友達に声をかけられた。
　　　　・友達の声かけを受け入れられた。　など
〈留意点〉
★他者からの評価をうまく取り入れる。

## 30 はさみやのりを使う

のりが，手にくっついちゃう

　はさみやのりなどの道具を思いどおりに使えない，だから作品を作ることをあきらめてしまう。そんな子どもがいます。道具を使う経験が少なかったり，適切な使い方を知らなかったり，手先が思うように動かなかったり，と理由はさまざまです。

　道具の特徴を知って，自分に合った使い方ができるように，ていねいに練習していくことが大切です。また，自分に合った道具を選ぶことも大切です。そのためには，まずいろいろな道具を試してみましょう。

### ☑チェックリスト

子どもは，どんなことに困っているのでしょうか？
- (　) 道具を使った経験がない
- (　) のりの扱いに慣れていない
- (　) のりが手につくのを嫌がる
- (　) はさみの扱いに慣れていない
- (　) 手指の力が弱い
- (　) 両手をうまく連動させて動かすことができない
- (　) 目で見ながら，力の加減を調節することができない

**学習指導要領との関連**　図画工作　第1学年及び第2学年
〔2　内容〕A　表現
(2) 感じたことや想像したことを絵や立体，工作に表す活動を通して，次の事項を指導する。
　ウ　身近な材料や扱いやすい用具を手を働かせて使うとともに，表し方を考えて表すこと。

第3章　学校が楽しくなるスタディスキル

## 1　うまくできないよ

**身につけたいスキル**

◆道具の種類，目的，使い方がかわる

**ワンポイントアドバイス**
　家庭生活の中で用いるさまざまな道具にも，安全に注意しながら触れさせましょう。
・台所用品
・家電製品
・清掃器具　など

**教師の支援**

●さまざまな文房具を使う機会を設定する
　はさみ　のり　ホチキス　セロハンテープ　はり
　カッター　穴あけパンチ　ファイルとじ　はんこ押し
　太いペン　細いペン　筆　手動鉛筆削り　ひも　など

●道具を扱うときのコツを知る
・穴あけパンチやホチキスを使うときは，紙の枚数を5枚程度にする。
・セロハンテープを切るときは，ななめに力を入れる。
・手動鉛筆削りは，ハンドルを回す方向が決まっている。

〈留意点〉
★何度も体験させる。
★自分でできた喜びを味わえるようにする。

## 2　きれいにできたよ

**身につけたいスキル**

◆線にそってはさみで切る
◆はみ出さないようにのりをぬる

**教師の支援**

●子どもが扱いやすい道具や量を考慮する
●力の入れ方・抜き方，道具の動かし方を練習する

①のりを使うとき
・手を拭くための軽く絞ったぬれ雑巾を準備し，発砲トレーなどに入れておく。
・指で取る量が多すぎたら，すぐに雑巾で拭き取る。
・手がべたべたするのを嫌がる場合は，スティックのりを使う。
・のりをつける部分に線を引いておく。
・塗った部分がわかりにくい場合は，色つきのりを使う。

②はさみ
・紙の大きさやはさみの大きさは手に合っているかを確認する。
・根元を使って少しずつ切るように，はさみの先に発泡スチロールをつけたり，はさみの根元にマジックやテープで目印をつける。

←目印

●補助する手の使い方も具体的に教える
・空いた手で紙を押さえる。
・のりで貼り合わせるときは両手を使う。

〈留意点〉
★失敗したときの対処方法を知らせておく。

## 31 観察記録を書く

「何を書いたらいいか わからないよ……」

　観察記録は，一つの視点をもって定期的に記録していくことが大切ですが，どこを見てよいかがわからず，書けない子どもがいます。また，観察図も，大まかにとらえられる子どもと，一つ一つを見ないと描けない子どもがいます。特性に応じた描き方を指導することが望まれます。

　何よりも観察するものに対して，温かな心情をもって取り組めるように活動を設定することが大切です。

### ☑チェックリスト

子どもは，どんなことに困っているのでしょうか？

( )　何を書いたらいいかわからない
( )　どこを見たらいいかわからない
( )　変化の様子が把握できない
( )　見たことを絵や文章で表せない
( )　ものの重なりや変化をどのように表現したらよいかわからない

**学習指導要領との関連**　生活　第1学年及び第2学年

〔2　内容〕
（7）動物を飼ったり植物を育てたりして，それらの育つ場所，変化や成長の様子に関心をもち，また，それらは生命をもっていることや成長していることに気付き，生き物への親しみをもち，大切にすることができるようにする。

第3章　学校が楽しくなるスタディスキル

## 1　大きくなあれ！

**身につけたいスキル**
◆観察するものを毎日見る
◆責任をもって世話をする

**教師の支援**
●育てているものに名前を付ける
〈留意点〉
★いきものを育てることの責任感を子どもに感じさせる。
●観察する時間や世話をする時間を確保する
・時間を決めて行うとわかりやすい。
・観察や水やりの手順を掲示する。
・例外（雨の日，行事の日はやらないなど）についても，ていねいに説明する。

## 2　どこを描いたらいいのかな？

**身につけたいスキル**
◆葉，つる（茎），花など，ポイントごとに記録をつける
◆観察経過がわかるように絵を描く

**教師の支援**
●絵にするポイントを具体的に示しておく
　（例）あさがお
・葉の絵を描こう。
・つるの先っぽをよく見て描こう。
・つるの先は，支柱の何番目にあるかな？
・つるは支柱に何回巻きついているかな？
●絵が苦手な子どもには，部分的に描かせる
・植木鉢や支柱などをあらかじめ印刷しておく。
・葉，花など，部分ごとに描く。
・咲いていた花の数だけ塗る。
〈留意点〉
★絵で描いたことを言葉で説明してもよい。

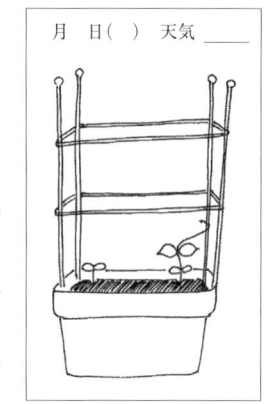

## 3　何を書いたらいいのかな？

**身につけたいスキル**
◆前回の記録と比べる
◆違い（変化）を文にまとめる

**教師の支援**
●書きやすいカードを準備する
・具体的な項目を書いたカード
・思ったことを書くカード
・お手紙カード
〈留意点〉
★比較する項目を具体的に示すが，項目にないことも書いていいことを伝える。

## 32 絵を描く

> 絵の具を使うと
> にじんできたなく
> なっちゃう…

　絵を描くことに拒否感のある子どもが多くみられます。自分は絵が下手だと思い込み，描くことそのものを拒否する場合もあります。特に人物画を描くことが苦手な子どもが多いようです。自分が描きたいものをどのようにしたら表現することができるのか，モデルの提示が大切です。

　また画材の扱いに慣れていないことも多く，思った色合いが出せないことがストレスの原因となる場合もあります。例えば，薄い色から着色を始め，完全に乾いてから濃い色を重ねれば，それほど失敗にならないということを知るだけで，絵に対する拒否感が薄れることもあります。楽しく絵が描けるといいですね。

### ☑チェックリスト

子どもは，どんなことに困っているのでしょうか？
- (　) 絵を描くことに苦手感がある
- (　) 何を描いたらよいのかわからない
- (　) 好きな動物やキャラクター等の決まったものしか描けない
- (　) 描きたいものを画面いっぱいに描くことができない
- (　) 見て描くことが苦手である
- (　) 人間を描くことが苦手である
- (　) 色をぬることが苦手である

**学習指導要領との関連**　図画工作　第1学年及び第2学年
〔2　内容〕A　表現
　(2) 感じたことや想像したことを絵や立体，工作に表す活動を通して，次の事項を指導する。
　　イ　好きな色を選んだり，いろいろな形をつくって楽しんだりしながら表すこと。

第3章　学校が楽しくなるスタディスキル

## 1　何を描こうかな？

### 身につけたいスキル
- ◆いちばん描きたい場面を画題にする

**ワンポイントアドバイス**
あらかじめ，家で話し合い，決めておくといいですね。

### 教師の支援
- ●大きな題材を示して，小さなテーマを自分で考えさせる
  （例）「えんそく」
  　→「えんそくのどうぶつえんのぞう」
  　　「えんそくのおべんとう」
  ・子どもの話を聞いて教師がテーマをまとめる。
- ●場面を具体的に思い出せる材料を用意する
  ・写真やしおり，プログラムなどを見て思い出す。
  ・関連する小道具，パンフレットなども近くに置いておくとよい。

## 2　どうやって描いたらいいのかな？

### 身につけたいスキル
- ◆対象物を中央に大きく描く
- ◆周囲の様子はバックに小さめに描く

### 教師の支援
- ●何をどこにかくか，構図を示してあげる
  ①いちばん描きたいもの，次に描きたいもの等を，子どもから聞き取る。
  ②どこにどのくらいの大きさで描くか，画用紙に示していく。
  ③描きたいものの特徴を確認する。
  〈留意点〉
  ★別の用紙に，聞き取った様子を一緒に描き，見本にしてもよい。
  ★周りは小さくてもよい等，いろいろな構図の例を示す。
  ★対象物を大きくかくと，あとで色がぬりやすい。

## 3　色をぬるってむずかしい

### 身につけたいスキル
- ◆単色がぬれる
- ◆絵の具を混ぜて，意図した色をぬれる

**ワンポイントアドバイス**
いろいろな色を混ぜてみて，色見本屋さんごっこをすると楽しいですね。

### 教師の支援
- ●いろいろな彩色道具と，それぞれの使い方のコツを練習する
  ・クレヨン　→黄色などの薄い色で下絵を描く。
  ・色鉛筆　　→縁取りを濃く，中は薄くぬる。
  ・色ペン　　→ゆっくり描くとにじむので，力を入れずにさっと動かす。
  ・水彩絵の具→にじんだら，ティッシュやスポンジでそっと押さえて乾かす。
- ●色が混ざらないようにぬらせる
  ・薄い色からぬると，色が重なっても失敗しにくい。
  ・色画用紙を使用すると，背景をぬる必要がなくなる。
- ●失敗してもやり直しができるようにする
  ・失敗を極端に心配する場合，下絵をコピーしておく。
  ・別の紙に試しぬりをしてから，着色させる。

103

# 33 グループで活動する

（吹き出し）一人だってできるのに，面倒くさいよ！

　低学年のころから，4人程度の小グループで活動する学習が増えています。「先生の話を聞く」「指示どおりに活動する」といったことは得意でも，子ども同士の活動になるとうまくいかないケースがあります。

　幼稚園・保育園時代は，発達段階的に「一人でできる」ことをほめられます。そのため，小学校で「お友達と一緒に取り組みましょう」と言われても，「一人じゃできないと思われている」「そんなこと一人でできるから必要ない」と考えてしまう子どももいます。

　グループ活動は，「手伝ってもらう」のではなく，「協力できる」という成長なのだと自覚をもたせることが大事なポイントです。グループ活動が苦手な子どもがいる場合には，グループで取り組む必然性のある活動から始めるといいですね。

### ☑チェックリスト

**子どもは，どんなことに困っているのでしょうか？**

- （　）グループで活動する意味がわからない
- （　）役割分担がわからない
- （　）自分の意見を言えない
- （　）自分の思ったとおりにならない
- （　）やりたくないことを押し付けられる
- （　）みんながやってくれるから，やる必要がない
- （　）一生懸命参加しているのに，注意される

**学習指導要領との関連**　特別活動　第1学年及び第2学年

〔2　内容〕
　学級を単位として，仲良く助け合い学級生活を楽しくするとともに，日常の生活や学習に進んで取り組もうとする態度の育成に資する活動を行うこと。

第3章　学校が楽しくなるスタディスキル

## 1　みんなと一緒にやらなくてはいけないの？

**身につけたいスキル**
- ◆グループで活動する目的がわかる
- ◆自分のグループがわかる

**ワンポイントアドバイス**
　グループ活動が苦手な子どももいます。何からだったら活動に参加できそうか，子どもと相談してみましょう。

**教師の支援**
- ●グループ活動の意味を説明する
  - ・「グループで活動をすること」も学習の1つである。
  - ・協力することで，一人ではできない活動ができる。
- ●グループづくりに配慮する
  - ・うまくかかわれる子ども同士を組ませる。
- ●困ったときには，先生に伝えて助けを求めさせる
  - ・子ども同士で，注意や叱責が繰り返されることのないように目を配る。

〈留意点〉
★協力した取り組みを適宜評価して，意欲につなげる。

## 2　これならできるかも

**身につけたいスキル**
- ◆役割分担がわかる
- ◆自分の役割がわかる
- ◆役割を最後まで果たす

**ワンポイントアドバイス**
　グループ活動の場にいられたことだけでも，十分にほめてあげましょう。

**教師の支援**
- ●グループの中で役割を明確にする
  - ①活動の見通し（目的・手順・ゴール）をもたせる。
  - ②一人一役になるよう必ず役割を指示する。
  - ③それぞれの活動をする。
- ●「協力の結果」が視覚的にわかる活動を取り入れる
  - （例）1枚の下絵を人数で分けて，貼り絵やアイロンビーズ等の作品を完成させる。

〈留意点〉
★協力してできたという達成感を味わわせる。

## 3　仲よく相談できたね

**身につけたいスキル**
- ◆話し合いのきまりがわかる
- ◆友達の意見を聞く
- ◆自分の考えを少なくとも1回は言う

「次はやらせてね！」

**教師の支援**
- ●話し合いのきまりを事前に伝える
  - ・自分の意見（理由）を言う。
  - ・相手の意見（理由）を聞く。
  - ・意見をかえる・相手に譲る・お礼を言う。　など
- ●話し合い活動を段階的に設定する
  - ①役割決めなど，目的が明確な話し合いから始める。
  - ②話しやすいテーマから始め，徐々に自由意見の交換に慣れさせていく。
  - （例）「猫と犬とどちらが好き？」
  - 　　　　　　↓
  - 　　　「動物では何が好き？」

# 34 メモをとる

> 何をメモしたらいいのかわからないよ……

　インタビュー活動で，相手の言う言葉をすべて書き取ろうとする子どもがいます。何が必要なことかを瞬時に判断することがむずかしいのでしょう。
　メモとは，あとで忘れないように，それを見て必要なことを思い出せるようにするための，簡単な記録です。逐語的に全部書くのではなく，単語や記号などを使ってポイントだけを記録できるようになると，書く負担が軽減されますし，メモを見直すときにもわかりやすいですね。帰りの会の連絡帳を書くところから練習してみましょう。

## ☑チェックリスト

子どもは，どんなことに困っているのでしょうか？
- (　) 黒板に書かれたことを視写することができない
- (　) 聴き取った単語を書くことができない
- (　) 短い文章の中から大事な単語を選び出すことができない
- (　) 書いたメモを見て，必要な内容を相手に伝えることができない
- (　) メモを整理して活用することができない

**学習指導要領との関連**　国語　第1学年及び第2学年

〔1　目標〕
（1）相手に応じ，身近なことなどについて，事柄の順序を考えながら話す能力，大事なことを落とさないように聞く能力，話題に沿って話し合う能力を身に付けさせるとともに，進んで話したり聞いたりしようとする態度を育てる。

第3章　学校が楽しくなるスタディスキル

## 1　メモしなくちゃいけないの？

**身につけたいスキル**

◆忘れてはいけないこと，あとで思い出す必要があることをメモにとる

**ワンポイントアドバイス**
新しい連絡帳を買ったときに最後のページまで日付を記入しておくといいですね。

**教師の支援**

●毎日の帰りの会で，次の日の予定をメモさせる
・メモをする時間を確保し，メモするノートやプリントが整っているかを確認する。
・日付を書いてから，その日の予定を書く。

〈留意点〉
★連絡帳やメモ用紙を用意する。
★日付を書かずにいろいろなところに書くと，いつの予定かわからなくなり混乱するので，必ず書かせる。

## 2　どうやったらメモできる？

**身につけたいスキル**

◆大切な部分だけを書く
◆言葉を省略して書く
◆よく聞いてから書く

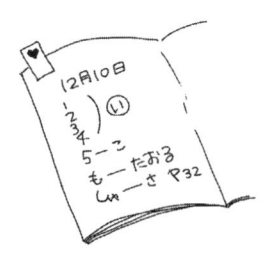

**教師の支援**

●メモさせる内容を板書する
・黒板には省略しないで書き，写すところだけ色を変える。
●省略した言い方や記号を決めておき，意味を示しておく
・こくごは「こく」，もちものは「も」等，省略した記号の約束がわかるようにする。

〈留意点〉
★確実に書くための時間を保障する。

●耳から聞いてメモする練習をする
・徐々に板書を減らし，教師が口頭で連絡事項を言い，子どもに書かせるようにする。
・メモしたころを見計らって，黒板にキーワードのみを書く。

〈留意点〉
★「もう一度言ってください」等の約束に応じた質問に応える。
（p.41　質問のルール参照）

## 3　メモしたらどう使うの？

**身につけたいスキル**

◆家に帰ったらメモを見る
◆学校からの連絡を家の人に伝える

**ワンポイントアドバイス**
メモを見ながら伝えられたら，まずほめましょう。

**教師の支援**

●朝の会で，持ち物が整っているか等を確認する
・メモがしっかり書けて，整っていたらほめる。
・忘れ物があったときの原因を確認する。
　メモを見なかった　　メモに書き忘れた
　メモの字が読めなかった
　どこに書いたかわからない　など

〈留意点〉
★できないことを責めるのではなく，なぜできなかったのか原因を共通理解し，改善につなげる。

107

# 35 持ち物を整理整頓する

> あれ？
> どこにいったかな……

　片づけが苦手な子どもたちがいます。座席の周りにはさまざまなものが散乱し，机の上には必要のないものがあふれています。そのため，作業のスペースが取れなかったり，必要なものがすぐに取り出せずに，周囲の動きから遅れてしまったりすることもあります。作業や活動がうまくいかず，さらには次の行動に移ることもむずかしくなり，あきらめてやる気を失ってしまうこともあります。

　持ち物の整理整頓ができることは，学習に取り組む意欲を保つためにも重要です。

### ☑チェックリスト

**子どもは，どんなことに困っているのでしょうか？**

（　）　机の上や中が片づけられない
（　）　机の周りが散らかっている
（　）　ロッカーの中が片づけられない
（　）　ていねいにしまうことができない
（　）　どこにしまったらよいかがわからない

**学習指導要領との関連**　生活科　第1学年及び第2学年

〔2　内容〕
（4）公共物や公共施設を利用し，身の回りにはみんなで使うものがあることやそれを支えている人々がいることなどが分かり，それらを大切にし，安全に気を付けて正しく利用することができるようにする。

第3章　学校が楽しくなるスタディスキル

## 1　あれっ？　どこにいった？

**身につけたいスキル**

◆片づいた状態がわかる

**ワンポイントアドバイス**
「片づけなさい」と言葉をかけるだけでなく、入れる箱などを用意して、一緒に片づけましょう。

**教師の支援**

●片づけの手順を示す
①机の上などから、いったんすべての物を片づける。
　専用ボックスを用意して、とにかくそこに全部入れる。
②必要最低限のものを、机の上に出していく。
●授業で机の上に出しておくことが必要なものを確認する
　・視覚的にわかるように、配置図を黒板等に示しておく。
〈留意点〉
★準備と片づけの時間も授業のうちであることを確認する。
★授業の始まりと終わりに、机の上を同じ状態に戻す。

## 2　こうすればなくならないね

**身につけたいスキル**

◆持ち物をいつも決まった場所に置く
◆片づける場所がわからないときは質問する

**ワンポイントアドバイス**
しまうスペースに余裕があることが大事です。

**教師の支援**

●持ち物のしまい場所を決めておく
　・持ち物としまう場所に、同じ柄のシールを貼る。
　・机の中に仕切りのある箱を入れて、乱雑にならないようにする。
　・ロッカーの中に色テープで間仕切りをする。
　・ロッカーの中に、段ボールで作った仕切り棚を置く。
●確実にていねいにしまえるように、時間を確保する
　・定規や鉛筆などは、専用BOXに投げ込み式にしまうと、片づけの時間を短縮できる。
　・専用BOXは、週に1度整理し、不要なものをしまう。
　・少しずつ、小さな箱に分類してしまえるようにする。
●必要なものと不要なものが分けられるようにする
　どちらかわからないものを入れておく場所もつくる。
〈留意点〉
★すべてを一度に片づけようとしないで、一つ一つ順番に取り組むように声かけをする。

## 3　すぐにわかるよ

**身につけたいスキル**

◆物のありかがわかり、必要なときにすぐに取り出せる

**ワンポイントアドバイス**
しまった場所を思い出す時間を設定し、わからないときはヒントを与えて、思い出せるようにしましょう。

**教師の支援**

●しまってある場所が、外から見てわかるようにする
　・テープでマーク（名称）などを付けておく。
　・学級の共有物は、いつも決まった場所に置いておく。
●探しものゲームで、場所を覚える
　・絵カードや文字カードに書いてあるものを、しまってある場所から集めてくる。

# 36 当番活動をする

（吹き出し）雑巾ってどうやって絞るの？

　給食や清掃の当番活動中は，活動の場が広がるので，先生の目が届かず助けてもらえないこともしばしば。何をやっていいのかわからなくて困っているのに，友達から「サボっている」と言われて意欲が減退したり，わからないので違うことを始めてしまってリーダーから叱られたり……。実はこんな子どもたちが大勢います。

　役割を明確に示してもらえたら，子どももがんばれるはず。自分から取り組めたら，責任感も自信もつきます。「がんばったら，ほめられる」，そんないい循環をつくりたいものです。

## ☑チェックリスト

子どもは，どんなことに困っているのでしょうか？

- （　）役割がわからない
- （　）目的がわからない
- （　）仕事の手順がわからない
- （　）終わりがわからない
- （　）友達と協力することがむずかしい
- （　）道具がうまく使えない
- （　）失敗したときの解決方法がわからない
- （　）去年のクラスのやり方と違うので，できない

### 学習指導要領との関連　　特別活動〔学級活動〕

〔共通事項〕（1）学級や学校の生活づくり
　　　　　　　イ　学級内の組織づくりや仕事の分担処理
　　　　　（2）日常の生活や学習への適応及び健康安全
　　　　　　　イ　基本的な生活習慣の形成
　　　　　　　ウ　望ましい人間関係の形成
　　　　　　　エ　清掃などの当番活動等の役割と働くことの意義の理解

第3章　学校が楽しくなるスタディスキル

## 1　今週は何の当番？

**身につけたいスキル**

◆自分の役割と仕事を確認する

**教師の支援**

●当番表や手順表で仕事内容と分担をわかりやすく示す
　・表の見方を説明する。
　・その時間にやることや，どこまでやったら終わりかがわかるように，仕事内容を具体的に示す。
　・順番や仕事内容がわからないときは，教師に聞いていいことを確認する。
●手順表の中に，「ほうき①」等，具体的に使うものを示し，同じ番号をほうきにも付けておく

〈留意点〉
★仕事内容に慣れるまでは，同じ仕事の繰り返しでもOKにし，自信をもって取り組ませる。
★自分の役割について，工夫していることをみんなに伝える機会をつくる。

## 2　当番のやり方は？

**身につけたいスキル**

◆必要な道具を使って当番の仕事をする

**ワンポイントアドバイス**
　配膳をしたり雑巾をしぼったりする作業を，家でも手伝いに取り入れましょう。

**教師の支援**

●道具の使い方のモデルを見せる
　・雑巾の扱い　・ほうき等の使い方
　・エプロンの付け方　・給食の配膳の仕方　など
●使い方を絵や文で掲示しておく
　・成功できるところからスタートする。

〈留意点〉
★体の部位の動かし方を確認することも，正しく道具を扱えることにつながる。
●うまく使えない子どもには道具を工夫する
　（例）エプロン
　・エプロンのひもを長くして体の前で結んだり，ボタンで留めたりする。
　・結び方がわかるように左右のひもの色を違える。

## 3　協力してできたよ

**身につけたいスキル**

◆人と仕事を分担する

**ワンポイントアドバイス**
　協力の仕方には，いろいろなやり方があります。やりやすい方法からチャレンジさせましょう。

**教師の支援**

●1人でできるようになったことを2人でやらせてみる
　「協力できるのは，バージョンUP！」
　（例）2人で牛乳を運ぶ
　・持ち方や歩き方，急に手を離さないこと等，気をつけることを言語化させる。

## 37 時間の見通しをもつ

　ゲームとテレビと宿題とご飯とお風呂……
　時間が足りない？？？

　宿題をする30分間に比べて，ゲームをする30分間はとても短く感じられます。やらなければならないことをやってから，楽しみは最後に……とわかってはいても，それを実行することはなかなかむずかしいことです。
　下校後の生活パターンは家庭によってさまざまですが，昔に比べて子どもたちの生活は忙しくなっています。塾や習い事に時間を割いたり，テレビやゲームの時間に費やしていたり。時間を有効に使って，ゆっくりと考え事をしたり，体を休めたりする時間を少しでも多く確保することは，学習効果を高めることにもつながることを，忘れずにいたいですね。

### ☑チェックリスト

子どもは，どんなことに困っているのでしょうか？

（　）　時計が読めない
（　）　何分間という長さがつかめない
（　）　やらなければならないことがわからない
（　）　やることの順番がわからない
（　）　ゲームが止められない
（　）　見たかったテレビ番組を見逃してしまう
（　）　生活のリズムが一定していない

**学習指導要領との関連**　算数，道徳

算数〔2　内容〕B　量と測定
（第1学年）（2）日常生活の中で時刻を読むことができるようにする。
（第2学年）（3）時間について理解し，それを用いることができるようにする。
道徳（第1学年及び第2学年）
1　主として自分自身に関すること
　（1）健康や安全に気を付け，物や金銭を大切にし，身の回りを整え，わがままをしないで，規則正しい生活をする。

第3章　学校が楽しくなるスタディスキル

## 1　もう，こんな時間？　　　　　　　　　　（p.76　時計を読むも参照）

**身につけたいスキル**
◆家ですることを整理する

**ワンポイントアドバイス**
時間には限りがあります。やりたいことの優先順位を考えられるようにしていきましょう。

**家庭での支援**
●家に帰ってから，「やりたいこと」「やらなければならないこと」をリストアップする

| 基本的な生活 | 夕食・入浴・手伝い・就寝のしたく　など |
|---|---|
| 学校のこと | 宿題・明日の準備　など |
| 自分の時間 | テレビ・ビデオ・ゲーム・読書　など |

## 2　どうしてかな？

**身につけたいスキル**
◆現状を把握する
◆家族の一員として，家の手伝いの時間をつくる

**ワンポイントアドバイス**
家庭生活から学ぶことを大事にしましょう。スタディスキルにも，学習課題にもつながることがたくさんあります。

**家庭での支援**
●1日の生活のパターンを表にする
・夕食や入浴など，家族との予定を大まかに書く。
・就寝等の時刻を決める。
・空いている時間を確認する。

●毎日続けられる手伝いを予定に組み入れる
・食器並べや片づけ
・タオルをたたむ
・自分の洗濯物をタンスにしまう　など

## 3　予定を立ててみよう

**身につけたいスキル**
◆自分でスケジュールを管理する

**ワンポイントアドバイス**
自分の時間をマネージメントできる力は，今後の社会生活に役立ちます。少しずつ支援を減らして，自分でマネージメントできるようにしていきましょう。

**家庭での支援**
●家でのすごし方について，計画表をつくる
①おおまかな予定を立て，表に書く。
②時計やタイマーを活用して実行する。

〈留意点〉
★無理な計画や細かすぎる計画は立てさせない。
★気に入った時計を用意すると，時計を意識するきっかけになる。
★就寝前の時間は，ゆっくりすごしているイメージをもたせる。

## 38 自由研究をする

> お母さん，○○って何？
> △△って何？
> 「うるさい」って言わないで〜

　決められた学習にはしっかりと取り組めても，「自由課題」となると，何をしていいかがわからない子がいます。「夏休みの自由研究は，頭が痛い」というお母さんの言葉をよく耳にしますが，自由研究を進める中で，「調べ方がわかった」「おもしろいことがわかった」という結果が実感できると，学びたいことが広がってきます。
　まずは，あせらずに子どものもっている小さな疑問を生かしていきましょう。小さな疑問は好きなこと見つけにつながり，好きなことは余暇活動を充実させることにつながります。

### ☑チェックリスト

**子どもは，どんなことに困っているのでしょうか？**

- (　) やりたいことがわからない
- (　) どんなことをすればいいのかわからない
- (　) 何を使って調べたらいいかがわからない
- (　) 辞書の使い方がわからない
- (　) 最後までやり遂げられない
- (　) まとめができない

### 学習指導要領との関連　　総合的な学習の時間

1　(2) 地域や学校，児童の実態等に応じて，教科等の枠を超えた横断的・総合的な学習，探究的な学習，児童の興味・関心等に基づく学習など創意工夫を生かした教育活動を行うこと。
　(3) ……日常生活や社会とのかかわりを重視すること。
　(4) 育てようとする資質や能力及び態度については，例えば，学習方法に関すること，自分自身に関すること，他者や社会とのかかわりに関することなどの視点を踏まえること。

第3章　学校が楽しくなるスタディスキル

## 1　何を調べたらいいのかな？

**身につけたいスキル**

◆自分の好きなことを探す

**ワンポイントアドバイス**
「これ何？」「どうして？」といった小さなつぶやきを大事にしましょう。

**家庭での支援**

- 子どもが好きなものを，たくさん見たり，聞いたりする
- 子どもの興味関心のある分野で，「？」を体験をさせる
  （例）「ポケモンが好き」
  → 一番長い名前って何だろう？
  → 5文字の名前のポケモンは？
- 具体的な目標を作って，調べる体験をさせる
  （例）30分でいくつ調べられるか？
  　　　この本の中には，いくつあるか？

## 2　どんなことを調べたらいいのかな？

**身につけたいスキル**

◆学習課題を設定する

**家庭での支援**

- 選択肢を示して，自分で課題を選ばせる
  （例）「漢字」の中でどれがいい？
  ア　習った漢字のへん（or 画数）を調べる。
  イ　へんとつくりの意味を考えて，新しい漢字を作る。
  ウ　熟語を使って，クイズを作る。

〈留意点〉
★「自分で選ぶ」ということが意欲につながる。
★選択肢は，どれを選んでも無理のないものを用意する。選ばせておいて「それは，むずかしいね」というのは×。

## 3　どうやって調べたらいいのかな？

**身につけたいスキル**

◆辞書をひく，図書館で本を探す，パソコンで検索するなど，複数の調べ方がわかる

**ワンポイントアドバイス**
調べている中で，考えついた疑問を書いていくように声かけをしましょう。

**家庭での支援**

- 調べ方を教える
  ・本，辞書，インターネット等で，大人と一緒に調べる経験をさせる。

〈留意点〉
★徐々に一人でも調べられるように，辞書等の使い方を教えることには時間をかける。
★インターネットのマナーもあわせて教えていく。

## 4　これで完成

**身につけたいスキル**

◆結果のまとめ方のパターンがわかる

**教師の支援**

- まとめ方を教える
  ・調べたことに題名を付ける。
  ・まとめ方のパターンを例示する。
  （例）写真やコピーなどを貼ると，見栄えよく仕上がる。

## 39 宿題をする

終わらない……

　「家庭学習」の重要性はわかっていても，保護者が子どもにつきっきりで取り組ませるのには限界があります。でも，自主的に取り組める子どもは多くはないはずです。そこで，家庭学習の基礎作りとして，「宿題」が大きな役割を果たします。子どもたちには，宿題を出した先生との約束や友達との関係があるので，「宿題をしなくちゃ」という意識があります。その意識をうまく行動につなげていきたいものです。

　そのためには，子どもが「できそうだ」という見通しをもてることが必要です。いつ終わるかわからないほどの宿題では，最初から投げ出したくなってしまいます。本人に合った宿題の内容や量，取り組む時間等を，担任の先生と家庭がよく話し合うことが必要です。

### ☑チェックリスト

子どもは，どんなことに困っているのでしょうか？
（　）　やる気が出ない
（　）　宿題の量が多すぎる
（　）　宿題をする時間がない
（　）　やり方がわからない
（　）　他にやりたいことがある
（　）　やっても間違いが多いから，やり直しになる

**学習指導要領との関連**　道徳　第1学年及び第2学年
1　主として自分自身に関すること。
　（2）自分がやらなければならない勉強や仕事は，しっかりと行う。

第3章 学校が楽しくなるスタディスキル

## 1 宿題あったかな？

**身につけたいスキル**
◆家に着いたら宿題を確認する
◆宿題をする時間を決めておく

**教師と家庭の支援**
●家庭で宿題を確認できるようにする
　・連絡帳に書く，プリントにする　など
　　宿題の有無
　　宿題に必要なものの有無
　　宿題の内容
●宿題をする時間が，生活のリズムとして子どもに定着するまでは，家族が一緒に取り組む
　（例）・最初の5分だけ一緒に取り組む。
　　　　・終わったら，答えを確認する。

## 2 宿題やらなくちゃ

**身につけたいスキル**
◆目標を決めて宿題をする
◆わからないところは，ヒントをもらって進める

**教師と家庭の支援**
●毎日続けられる量や時間に宿題を調整する
　・本人に合った量に加減する（例：計算を10問）。
　・集中力が持続できる時間（例：15分）。
●宿題が早く終わった場合の見通しをもたせる
　・早く終われば，残りの時間は好きなことができる。など
〈留意点〉
★時間管理にはタイマーを活用する（タイマーは保護者が管理）。
★学習に集中しやすい環境をつくる。
★むずかしいと思われるときには，ヒントを提示する。
★子どもの理解が進まなくても，叱らない。

## 3 忘れないで持っていこう

**身につけたいスキル**
◆宿題が終わったらすぐにカバン（ランドセル等）に入れる

**家庭での支援**
●宿題の後に，明日の学校の用意をさせる
　・持ち物を準備しながら，宿題をカバン（ランドセル等）にしまう。
●宿題の提出方法について確認する
　・いつ出すのか？
　・どこに出すのか？
●学校に着いたら思い出せるようにメモを入れておく

117

# 40 次の日の準備をする

面倒くさいな
明日でいいや……

　「忘れ物が多いので気をつけましょう」と言われた経験はありませんか？　忘れ物をしないために，すべての教科書とノートをランドセルに詰め込んで，毎日学校に通っていた子どもがいました。その子なりの方策だったと思いますし，体力もついたかもしれません。しかし，学年が上がるにつれて，副読本や資料なども多くなります。中学校や高校になれば，部活の道具も増えます。そのときに，すべてを持ち歩くのは本当に大変なことです。
　翌日の準備ができるということは，翌日の学習に見通しをもてるということです。習慣化されるように，ちょっとがんばってみませんか？

## ☑チェックリスト

子どもは，どんなことに困っているのでしょうか？
- (　) やる気が出ない
- (　) 時間がない
- (　) 準備をしても忘れ物がある
- (　) 準備をした物を忘れるから，やる意味がない
- (　) 何を準備していいかわからない

**学習指導要領との関連**　道徳　第1学年及び第2学年
1　主として自分自身に関すること。
　(2) 自分がやらなければならない勉強や仕事は，しっかりと行う。

第3章　学校が楽しくなるスタディスキル

## 1　明日の準備しなくちゃ

### 身につけたいスキル
◆宿題が終わったら，次の日の学校の準備をする

**ワンポイントアドバイス**
明日の学習の楽しみなことなどを一緒に話しながら準備ができるといいですね。

〈チェックリスト〉

| | |
|---|---|
| ふでばこ | ○ |
| しゅくだい | ○ |
| 国語教科書 | |
| 国語ノート | |
| | |

### 家庭での支援
●明日必要なものを確認する

| 毎日必要なもの | 明日の時間割に必要なもの | 生活に必要なもの |
|---|---|---|
| ・筆箱<br>　(けずった鉛筆・<br>　赤鉛筆，消しゴ<br>　ム，定規など)<br>・連絡帳<br>・終わった宿題 | ※連絡帳を見て確認する。<br>・教科書<br>・ノート<br>・ドリル　など | ※連絡帳を見て<br>　確認する。<br>・給食袋<br>・ハンカチ<br>・ティッシュ<br>　　　　など |

●チェックリストを見ながら準備をする
①今日のカバンの中身を，明日いるものといらないものに分ける。
②カバンに詰める。

## 2　これで忘れないね

### 身につけたいスキル
◆準備した物を，決まった場所にまとめて置く

### 家庭での支援
●ランドセルの置き場所を工夫する
・居間や玄関などに，ランドセルとその他の荷物をまとめて置き，家を出る前に子どもと一緒に確認する。
●荷物を1つにまとめる
・手提げ袋は1つにまとめたり，ランドセルに付けたりする。

〈留意点〉
★荷物を置き忘れないよう，できるだけ1つにまとめる。

## 3　何を着ていこうかな

### 身につけたいスキル
◆次の日の洋服を準備する

**ワンポイントアドバイス**
タンスを，ズボンの引き出し，シャツの引き出し等に分け，子どもが自分で選びやすい工夫もしてみましょう。

### 家庭での支援
●上下の組合せを一緒に考える
・何パターンか見本をつくり，子どもに選ばせる。
・上下の組合せをパターン化しておいてもよい。
・天気予報を目安に使う（長袖 or 半袖，上着の有無）。
・洋服のポケットに，ハンカチとティッシュをあらかじめ入れておくと忘れずに便利。
●朝起きたら，その日の天候によって見直しができるように声をかける

# 4章 すてきな支援者になろう

### ■すべての子どもたちに学ぶ楽しさを

　教師として学校でたくさんの時間をすごし，さまざまな子どもたちと出会いました。その出会いの中で，確信したことがあります。それは，"子どもたちは，みな，自らの可能性を伸ばし，よりよく生きようとする意志をもっている"ということです。そして，学校教育は，子どもたちの意志を受けとめ支援する使命を担っているのです。適切な指導及び必要な支援という特別支援教育の理念は，学校の使命，役割，果たすべき機能を端的に表していると思います。

　私の恩師の一人に，小児・思春期を専門とする精神科医がいます。あるとき，その恩師が「学校はなぜ，勉強を教えないの？」と私に尋ねたことがあります。「病院が患者を治療するところであるように，学校は子どもの学習能力を高めるところではないのか」，このとき私はそのような問いが私自身に投げかけられているのだと理解しました。発達の専門家から投げかけられた根源的な問いは，重みをもって心に残り，その後もずっと問いかけは続いています。

　学校は，それぞれの掲げる教育目標に向かって，子どもたちの生きる力を育てようと日々取り組んでいます。しかし，子どもたち一人一人に視点をあててみると，どうでしょうか。すべての子どもたちが達成感や充実感をもって学べているかということが，いま問われていると思います。

　子どもの表現は多様ですが，どの子もみな，学ぶことを楽しみたいと感じています。子どもの多様性を受けとめ，個々の学びの実態に気づき，つまずきを的確に把握すること，そして，子どもたちの多様性に応じた適切な指導・支援をめざした授業づくり，学校づくりを進めることが，求められています。

### ■機会の平等ということ

　私が出会った中に，歩行がむずかしいために，足に補装具を付け，歩行補助つえを携行する子どもがいました。新学期の教室配当について話し合う職員会議で，彼の所属する学級をトイレの近くにしたらどうか，という意見が出されました。それに対して，社会に出たときのため，あえて特別な配慮はすべきではないという意見も出され，議論になりました。

　彼は，排尿・排便の処理にほかの子どもより時間が必要でした。それに加え，教室がトイレから遠い位置にあれば，トイレへの移動に大きな負担がかかります。休み時間は廊下が混雑するため，次の予定を考えながら早めに行動することも必要になります。ときには学習時間を削ることも，やむを得ないかもしれません。大切な学習時間を削ってまで，毎日遠いトイレに行くことに，果たして意義があるでしょうか。私はとても疑問を感じました。

　日本の学校教育では，教師にも保護者にも特別な配慮に対する抵抗感がみられます。どの子どもも同じような環境・条件に置くことが平等と考えられ，つまずきのある子どもに特別な配慮をすることは平等に反すると考えられる傾向があります。

これに対して学力世界一を自負するフィンランドの研究者は，フィンランドの教育が成功した要因の1つに"Principle of equity"をあげていました。機会の平等，つまり，だれもが自分の目標に向かってチャレンジできるように，一人一人に合った適切な学習の機会を保障すること，と解釈できます。さきの例のように，歩行が困難なことで生じるハンディキャップを埋める努力にエネルギーのほとんどが費やされる状態では，子どもは学ぶ意欲をもつどころか，進むべき目標や道筋を見失ってしまいます。一人一人が必要とする適切な配慮や支援があってこそ，子どもたちは同じスタートラインに立つことができるのであり，それを保障することが，真の平等なのではないでしょうか。

### ■学習のつまずきをもっと重視する

　学習のつまずきは，子どもの学校生活全般に大きな影響を及ぼします。一見何の問題もないように見える子どもたちの中に，特定の学習につまずきがあるために，学校生活を楽しめない子どもがいます。

　例えば，読みの苦手なAさんは，音読がうまくできず，周囲の友達の視線をとても気にしていました。やがて，国語の時間は恐怖に変わり，登校そのものも苦痛になってしまいました。漢字が苦手なBさんは，授業参観の日を楽しみにしていました。上手にできた図工の作品を見て，おじいちゃんがほめてくれると期待していたのです。しかし，おじいちゃんの視線は作品に付けられたBさんの名前の文字にいってしまいました。彼はがっかりして，まったく自信をなくしてしまいました。また，計算が苦手なCさんは，かけ算九九はようやく覚えたのですが，繰り下がりの計算がどうしてもできませんでした。そのことで不安が高まり，学級の中でも居場所が見つからなくなってしまいました。

　2002年および，10年後の2012年に実施された全国調査の結果で，通常学級において学習面で著しい困難を示すと教師によって評価された子どもの割合は，同じく4.5％とされています。平均的な規模の学級に1人か2人という割合ですが，教師にも気づかれないような軽度な困難を含めれば，学習に何らかの問題を抱えている子どもはさらに多いと推測できます。

　このような子どもたちの存在に気づき，学校生活を楽しく送れるように適切に支援することは，子どもたちを取り巻く大人たち全員の責務ではないでしょうか。学習のつまずきを発見することは，子どもに特別なレッテルを貼ることでも，特別な子どもとして区別することでもありません。子どもがいまいる環境の中で自然な形で支援を受けることができ，結果として周囲の子どもたちもともに育ちあうような教育環境づくりが望まれています。

### ■だれかが，どこかで，ほんの少し

　私たちは，学習につまずいている子どもたちのつらい思いやスタディスキルの問題について，教師や保護者だけでなく，子どもにかかわるすべての支援者に興味関心をもってほしいと願い，本書を執筆しました。第3章では具体的な支援について述べましたが，それはヒン

トにすぎません。実際の子どもたちの姿は，実に多種多様で個性的です。子どもたちとのふれあいの中で，一人一人に合った支援を工夫していただきたいと思います。

　子どもに特定の認知的な偏りがある場合でも，認知的に弱い能力を補い，認知的に強い能力を活用することによって，自律的な学習を行うことが可能になります。自律的な学習は，子どもたちに学びの意欲と自信を与え，社会的な自立の力を育てます。

　認知的な強さを生かし，だれにも真似のできない素晴らしい仕事を成し遂げた先人も多くいます。多様な個性が集まるからこそ，学校という集団の中で学ぶことに価値があるのだと思います。

　現代は生涯学習の時代です。生きているかぎり，豊かな生き方を求めて，人は学び続けます。スタディスキルが未熟だったり偏っていたりする子どもたちに対して，組織的な支援を低学年のうちから始めることは，小・中学校で学ぶための基礎を養うだけでなく，義務教育終了後の自らの生活を切り開いていくための力を育てるうえで，大変重要であると思います。

　だれかが，どこかで，ほんの少し，支援の手をさしのべてくれるのを待っている子どもたちがいます。そんな子どもたちのシグナルに気づき，理解し，支援してくれる大人が増えることを願っています。

## ■参考文献一覧

【第1章】
- 藤田哲也編著，絶対役立つ教育心理学，ミネルヴァ書房，2007
- 誠信心理学辞典，誠信書房，1981
- A. F. Ashman & R. N. F. Conway 著，渡部信一訳，PBI の理論と実践，田研出版，1994
- 安藤壽子・太田昌孝，通常の学級における読み困難児の実態について，東京学芸大学大学院学校教育学研究論集，第6号，pp.73-79，2002
- 福田由紀，私たちは文章を正確にとことん読んでいるだろうか？―文章理解モデルに関する浅い処理の視点―，法政大学文学部紀要，第58巻，pp.75-86，2010
- 角田元良，幼児期の教育と小学校教育の円滑な接続についての問題点及び提言，中央教育審議会初等中等教育分科会，平成22年
- 小中学校におけるLD（学習障害），ADHD（注意欠陥/多動性障害），高機能自閉症の児童生徒への教育支援体制の整備のためのガイドライン（試案），文部科学省，平成16年
- ロバート・S・シーグラー著，無藤隆・日笠摩子訳，子どもの思考，誠信書房，1992
- 太田昌孝・永井洋子編著，自閉症治療の到達点，日本文化科学社，1992

【第2章】
- 加藤醇子，読み書き障害・ディスレキシアの医学的背景と動向，LD（学習障害）- 研究と実践 -，第7巻，第1号，pp.31-41，1998
- メアリアン・ウルフ著，小松淳子訳，プルーストとイカ―読書は脳をどのように変えるのか？ インターシフト，2008
- 高島俊男，漢字と日本人，文春新書，2001
- 特別支援教育士資格認定協会編，特別支援教育の理論と実践，金剛出版，2007
- 日本数学教育協会編著，新訂算数教育指導用語辞典，新数社，1992
- J.T. ブルーアー著，松田文子・森敏昭監訳，授業が変わる - 認知心理学と教育実践が手を結ぶとき -，北大路書房，1997
- 熊谷恵子，最近の算数障害へのアプローチ - 認知神経心理学や法的定義からの下位分類の考え方 -，LD研究，第18巻，第1号，pp.24-32，2009
- A. F. Ashman & R. N. F. Conway 著，犬塚健次訳，学習に遅れがちな子の認知的アプローチ，田研出版，1993
- A. F. Ashman & R. N. F. Conway 著，渡部信一訳，PBI の理論と実践，田研出版，1994
- 近藤文里著，プランする子ども，青木書店，1989
- 岡本夏木・清水御代明・村井潤一監修，発達心理学辞典，ミネルヴァ書房，1995

【第3章】
- スタディ&ソーシャルスキル集，横浜市教育委員会，平成23年2月

【第4章】
- 文部科学省，通常の学級に在籍する特別な教育的支援を必要とする児童生徒に関する全国実態調査，2003
- 文部科学省，通常の学級に在籍する発達障害の可能性のある特別な教育的支援を必要とする児童生徒に関する調査研究について，2012

## おわりに

　子どもたちの多くは，いろいろなことをできるようになりたい，わかるようになりたいと思っています。しかし，わからないことやできないことが続くと，「～したい」という気持ちを隠してしまうようになります。

　この本に書かれていることは，私たちがこれまでにかかわってきた子どもたちへの手助けのほんの一部です。これらの試みが，困っているだれかのヒントとなり，お手伝いになればいいなと思っています。また，その子にとっての援助の方法は，1つではないと思います。ここに書かれたことを元に，一人一人に合ったいろいろなアイデアが生まれることを願っています。

伴　英子

　今，高等学校で小・中学校の学び直しを必要とする生徒が増えているという話を聞きます。これは，小・中学校で「学び残し」をさせてしまっているということだと思います。私は3年前まで，教育委員会で就学・教育相談を4年間担当していました。年間300件を越える相談をする中で，発達検査の結果と学校での成績や評価に大きなギャップを抱える子どもにたくさん出会いました。もっている力はあるのに，それを生かしきれず自尊感情や意欲を低下させてしまった子どもたち……。学ぶべき時に必要な学びができるように，学び残しをさせないように，子どもたちが自分に合った学び方をつかむための支援を私たち大人はもっと大事にしなければいけないと思います。一人一人がもてる力を最大限に使い，自信をもって暮らせるように！

　終わりになりますが，私たち3人のわがままにずっと付き合ってくださった，図書文化社出版部の渡辺様に心より感謝申し上げます。

冢田三枝子

■編著者略歴

**安藤壽子** あんどうひさこ。お茶の水女子大学学校教育研究部教授。東京学芸大学大学院修了・博士（教育学）。公立小学校・聾学校教諭，公立小学校副校長，横浜市教育委員会特別支援教育課課長を経て現職。学校心理士，特別支援教育士スーパーバイザー。趣味は，茶道，登山，テニス。月森久江編集『教室でできる特別支援教育のアイデア172』図書文化，鈴村健治編著『LD児の指導の実際』川島書店（以上，分担執筆）ほか。

**冢田三枝子** つかだみえこ。横浜市教育委員会特別支援教育課主任指導主事。公立小学校教諭（通常の学級，情緒障害通級指導教室），特別支援学校教諭を経て現職。趣味は，絵を描くこと（本書のイラストを担当）・短歌をつくること・寝ること。

**伴　英子** ばんえいこ。横浜市教育委員会特別支援教育課指導主事。公立小学校教諭（通常の学級，特別支援学級，難聴・言語障害通級指導教室）を経て現職。趣味は，読書，ランニング。

本文・カバーイラスト　冢田三枝子

## 小学生のスタディスキル
「学び方」がわかれば，学校はもっと楽しくなる

2013年2月1日　初版第1刷発行［検印省略］

著　者　Ⓒ安藤壽子編著　冢田三枝子・伴英子著
発行人　村主典英
発行所　株式会社 図書文化社
　　　　〒112-0012　東京都文京区大塚1-4-15
　　　　TEL. 03-3943-2511　FAX. 03-3943-2519
　　　　振替　00160-7-67697
　　　　http://www.toshobunka.co.jp/
本文カバーDTP　株式会社 さくら工芸社
印刷・製本　株式会社 厚徳社

JCOPY〈（社）出版者著作権管理機構 委託出版物〉
本書の無断複写は著作権法上での例外を除き禁じられています。複写される場合は，そのつど事前に，（社）出版者著作権管理機構（電話 03-3513-6969, FAX 03-3513-6979, e-mail：info@jcopy.or.jp）の許諾を得てください。

乱丁・落丁本の場合はお取り替えいたします。
定価はカバーに表示してあります。
ISBN978-4-8100-2619-1　C3037

# シリーズ 教室で行う特別支援教育

個に応じた支援が必要な子どもたちの成長をたすけ，学校生活を楽しくする方法。
しかも，周りの子どもたちの学校生活も豊かになる方法。
シリーズ「**教室で行う特別支援教育**」は，そんな特別支援教育を提案していきます。

## ここがポイント学級担任の特別支援教育

通常学級での特別支援教育では，個別指導と一斉指導の両立が難しい。担任にできる学級経営の工夫と，学校体制の充実について述べる。

河村茂雄 編著
Ｂ５判　本体 2,200 円

## 応用行動分析で特別支援教育が変わる

子どもの問題行動を減らすにはどうしたらよいか。一人一人の実態から具体的対応策をみつけるための方程式。学校現場に最適な支援の枠組み。

山本淳一・池田聡子 著
Ｂ５判　本体 2,400 円

## 教室でできる 特別支援教育のアイデア〈小学校編〉〈小学校編 Part 2〉

通常学級の中でできるLD，ADHD，高機能自閉症などをもつ子どもへの支援。知りたい情報がすぐ手に取れ，イラストで支援の方法が一目で分かる。

月森久江 編集
Ｂ５判　本体各 2,400 円

## 教室でできる 特別支援教育のアイデア〈中学校編〉

中学校編では教科別に指導のアイデアを収録。教科担任にもできる，授業の中でのちょっとした工夫。学習につまずくすべての生徒へ有効。

月森久江 編集
Ｂ５判　本体 2,600 円

## 特別支援教育を進める学校システム

特別支援教育の推進には，特定の教師にだけ負担をかけないシステムが大切。学級経営の充実を基盤にした校内体制づくりの秘訣。

河村茂雄・髙畠昌之 著
Ｂ５判　本体 2,000 円

## 教室でできる 特別支援教育のアイデア〈中学校・高等学校編〉

より大人に近づいた生徒たちの自尊心を守りながら，学習・生活・情緒をサポートする。高校・大学受験や就職活動など，進路の支援も充実させました。

月森久江 編集
Ｂ５判　本体 2,600 円

---

### 人気の特別支援関連図書

**Q-Uによる特別支援教育を充実させる学級経営**
河村茂雄 編著　Ｂ５判　本体 2,200 円

**学ぶことが大好きになるビジョントレーニング 全2冊**
北出勝也 著　Ｂ５判　本体各 2,400 円

**「特別支援外国語活動」のすすめ方**
伊藤嘉一・小林省三 編著　Ｂ５判　本体 2,400 円

### K-ABCによる認知処理様式を生かした指導方略

**長所活用型指導で子どもが変わる**

正編　特別支援学級・特別支援学校用
藤田和弘 ほか編著　Ｂ５判　本体 2,500 円

Part 2　小学校 個別指導用
藤田和弘 監修　Ｂ５判　本体 2,200 円

Part 3　小学校中学年以上・中学校用
藤田和弘 監修　Ｂ５判　本体 2,400 円

## 図書文化

※定価には別途消費税がかかります